Weihnachten im alten Erzgebirge

Herausgegeben von
Ehrhardt Heinold

Verlag der Nation

Bibliografische Information der Deutschen Nationalbibliothek

Die Deutsche Nationalbibliothek verzeichnet diese Publikation in der
Deutschen Nationalbibliografie; detaillierte bibliografische Daten sind
im Internet über http://dnb.d-nb.de abrufbar.

© 2007 by Verlag der Nation Ingwert Paulsen jr.,
Husum

Gesamtherstellung: Husum Druck- und Verlagsgesellschaft
Postfach 1480, D-25804 Husum – www.verlagsgruppe.de
ISBN 978-3-373-00527-8

Ein paar Worte zur Einführung

I.

Weihnachten im alten Erzgebirge. Diese Sammlung von Geschichten, Gedichten, Erinnerungen und Betrachtungen hat ihren Schwerpunkt in den Jahren vom Ausgang des 19. Jahrhunderts bis zum Beginn des Zweiten Weltkrieges, der mit seinen Folgen und Folgejahren auch für das Erzgebirge eine entscheidende Zäsur darstellt. Dennoch ist das Erzgebirge bis heute – anders als viele andere Regionen Deutschlands – fest verankert in seinen Traditionen, geprägt von einer Jahrhunderte umfassenden bergmännischen Vergangenheit, von einer Frömmigkeit, die in dieser ihre Wurzeln hat, und von einer volkskünstlerischen Kreativität, wie es sie anderswo in dieser Vielfalt kaum gibt.

Das alles spiegelt sich nicht nur in der weltbekannten erzgebirgischen Figurenwelt, sondern auch in der Literatur: in Mundart und Hochdeutsch und in den verschiedensten literarischen Formen – von der Lyrik bis zum Sach- und Fachbuch.

II.

Wer sich auch nur ein wenig im Buchhandel, in Museen oder Bibliotheken umsieht oder im Internet stöbert, dem öffnet sich eine wahre Schatztruhe von volkstümlichen, teils biederen, teils zeitgebundenen Texten bis hin zu literarisch wie wissenschaftlich fundierten Beiträgen. Der Leitgedanke der vorliegenden Sammlung ist, meinen als Sachbüchern zum Nachschlagen angelegten ABC-Bänden (Erzgebirgisches Brauchtums-ABC, Erzgebirgisches Spielzeug-ABC, Erzgebirgisches Weihnachts-ABC; Kleines Erzgebirge-ABC) eine literarische Ergänzung zur Seite zu stellen, die die Anschauung erweitert und vertieft. Die Kriterien sind Lesbarkeit und Unterhaltsamkeit der

Texte einerseits, Informationswert andererseits, beides im oben beschriebenen zeitlichen Rahmen.

Dabei bin ich von Texten ausgegangen, die bereits – und sei es vor langen Jahren – veröffentlicht worden sind, also schon einmal für wert befunden wurden, gedruckt zu werden. Andererseits kam es mir darauf an, Texte herauszuziehen, die ihre alte Frische bewahrt haben und nicht schon – vielleicht gar zum soundsovielten Male – in einem anderen Sammelband vertreten sind. Und diese Texte – von denen einige bis in die Zeit um 1800 zurückgreifen – sollten das wiedergeben, was ich an anderer Stelle den „großen, eigenen Kosmos des Erzgebirges, mit der Weihnacht als Mittelpunkt" genannt habe.

III.

Um die Fülle des Stoffes zu erschließen, habe ich die Texte nach den Themenkreisen Winter – Adventszeit – Figurenwelt – Schnitzen und Basteln – Spielzeugland – Festtagsgenüsse – Mettenschicht –Heiliger Abend sowie Nachweihnachtszeit geordnet. Diese Themenfelder geben der „fünften Jahreszeit" des Erzgebirges ihre Struktur und machen es Erzgebirgern und den vielen Freunden der Region leicht, das Weihnachtserlebnis im Lichte der Vergangenheit auch heute nachzuvollziehen.

Dabei habe ich neben den vorwiegend hochdeutschen auch mundartliche Beiträge aufgenommen. Sie besitzen den Charme der Ursprünglichkeit und sind in der seinerzeitigen Mundart der jeweiligen Region verfasst, denn weder ist das Erzgebirge eine sprachliche Einheit noch haben sich Versuche durchgesetzt, eine mundartliche Schriftsprache gleichsam auf dem Verordnungsweg zu schaffen. Soweit die Autoren bei der Erstveröffentlichung Mundartausdrücke in Fußnoten erläutert haben, wurden diese übernommen.

Es lohnt sich, sich der Mühe zu unterziehen, die Mundartbeiträge zu lesen (wobei lautes Mitsprechen das Verständnis fördert). Gerade in ihnen tritt der dem Erzgebirger eigene Humor ebenso zutage wie seine oft treuherzig anmutende Heimatverbundenheit. „Denn sie" – die erzgebirgische Mundart, so stellte der Volkskundler Siegfried Sieber fest – „ist ungemein plastisch und drastisch, anschaulich, witzig, auch derb, und ihre Abweichungen von der Hochsprache verstärken ihre heiteren Züge."

Seine seelische Disposition lässt den Erzgebirger zwischen derbem Spaß einerseits und gemütvoller Sentimentalität andererseits schwanken. Diese Befindlichkeit – eben sie ist die des alten Erzgebirges; und so folgen in der Sammlung auf lyrische eher derbe, beinahe rüpelhafte Szenen, wie wir dies auch aus manchem Bühnenstück kennen.

IV.

Im „alten Erzgebirge" war – zumindest bis zum Ersten Weltkrieg – die Grenze am Kamm nach Süden durchlässig. Der sächsische und der böhmische Teil fühlten sich als eine Region. Wer die Lieder des populärsten Erzgebirgssängers Anton Günther hört, wird wohl erst in zweiter Linie daran denken, dass dieser im damals österreichischen Gottesgab geboren wurde und dort die meisten Jahres seines Lebens verbrachte. Er ist in der vorliegenden Sammlung ebenso vertreten wie Max Tandler, der im böhmischen Teil von Zinnwald (Cinovec) geboren wurde und bis 1945 im böhmischen Teil des Erzgebirges lebte, danach in Oberfranken. Der Volkssänger Hans Soph aus Horni Blatná (Platten; 1869–1954) fehlt leider aus lizenzrechtlichen Gründen. Dass in der vorliegenden Auswahl das West-, das mittlere und das Osterzgebirge in Wort und Bild gleichermaßen vertreten sind, versteht sich von selbst.

V.

Die von der Verlegerin Alix Paulsen liebevoll und sachkundig ausgewählten Abbildungen helfen den Leserinnen und Lesern des Buches, sich in Gedanken ganz ins alte Erzgebirge zurückzuversetzen. Schwarzweiß, wie in der guten alten Zeit, geben sie die winterlich-weihnachtliche, typisch erzgebirgische Stimmung besonders gut wieder. Mit einem kurzen Text (signiert mit E. H.) führe ich in die einzelnen Kapitel und ihre spezielle Thematik ein.

VI.

Waren meine vier ABC-Bände vornehmlich der Kreativität der Region und ihrer Bewohner gewidmet, so legt „Weihnachten im alten Erzgebirge" Zeugnis von Gemüt, Seele und Herz des erzgebirgischen Menschenschlages ab, in den sich übrigens viele Zugezogene (woher auch immer) gern eingelebt und eingefügt haben.

Mögen aus dem Rückblick auf Vergangenes neue Kräfte und Ideen für unsere Gegenwart erwachsen. Das Erzgebirge, einst ein Pionierland, lebt seit jeher aus der Verschmelzung von Tradition und Innovation. Kaum je ist die Verbindung dieser beiden Elemente notwendiger gewesen, um dem wunderschönen Landstrich und seinen Bewohnern eine freundliche Zukunft zu sichern.

Ehrhardt Heinold

„O weiße Walt, o Winterlaabn, o Winterglück, o Wintertraam"

Vom erzgebirgischen Winter

Weihnachten im alten Erzgebirge. In der Erinnerung steigen harte, lange, schneereiche Winter auf. Im Tiefland war vom „sächsischen Sibirien" die Rede, wenn man an den vom Erzgebirgskamm herabpfeifenden Fallwind dachte, den „Biehmschen", der aus Böhmen kommt. Aber Schneereichtum nannte man noch nicht „Schneekatastrophe", und auf verschneite, vereiste Straßen und Schienenstrecken war man vorbereitet, ohne vom „Schneechaos" zu sprechen.

In Erinnerung verblieben vor allem die winterlichen Kindheitsfreuden, an denen auch Erwachsene teilnahmen: Vom „Tschinnern" (= auf vereisten Wegen gleiten) über's „Ruscheln" (= Rodeln) bis zum Schnee- und Schlittschuhlaufen, bis zum Bau von Schneehöhlen, Schneehütten und Eispalästen. Der „erschta Schnee" rief keine Befürchtungen, sondern erwartungsvolle Vorfreude hervor.

So reichlich gab es den himmlischen Schnee, dass pfiffige Dörfler ihn ins Tiefland zu verkaufen versuchten. Es war auch die Zeit der Schlittenpartien aus Anlässen wie dem Schweineschlachten und dem Gänsebratenessen zu St. Martin, mit denen nach arbeitsreichen herbstlichen Erntewochen – auch die Bergleute hatten zumeist einen kleinen landwirtschaftlichen Nebenerwerb – die gesellige, festliche Advents- und Weihnachtszeit eingeleitet wurde.

Oft blieb der Schnee bis in die Osterzeit oder länger liegen, kein Wetter zum Fürchten, sondern vom Erzgebirgsdichter besungen: „O weiße Walt, o Winterlaabn, o Winterglück, o Wintertraam!"

E. H.

Winterlaabn

Verbei is nu der Sommertraam,
de Schwalbn sei fortgezugn,
un kahl stieht wieder Busch un Baam,
der Ziemer kimmt geflugn,
der Winter is nu do, juchhe,
de Walt liegt rings in tiefen Schnee!
Un is aah draußen orntlich kalt,
de Brattle warn fix nageschnallt!

Der Wald sieht wie bezuckert aus,
kaa Vugel lässt sich härn,
es tut in grußen Gotteshaus
kaa Laut ne Frieden stärn.
Von weit när sacht e Glöckel schallt
durchn winterlichen Haamitwald.
Es stiebt der Schnee, 's is azesaah,
wie hunnerttausend Edelstaa!

Un drubn von luftig weißer Höh,
do giehts ze Tol in Eil,
de Brattle sausen durch'n Schnee
in Flug als wie e Pfeil.
Gerod aus! Su giehts mit festen Blick,
un Busch un Baam bleibn weit zerück.
An Himmel glüht schu 's Obndrut
un taucht ne Wald in Feiergluht.

De Sterle komme uhne Zohl
un funkeln klar un hart,
un Lichtle flamme auf in Tol,
un hamzu gieht de Fahrt.
Un wu e warmer Ufen winkt,
aah ball e lustigs Liedel klingt.
O weiße Walt, o Winterlaabn,
o Winterglück, o Wintertraam!
Gottfried Johann Lattermann

11

Winterliche Freuden

„Ach, dieser ewiglange und harte Winter! Wäre er doch endlich vorbei!" So hörte man im Vorjahr klagen. Da musste ich fast lachen, wenn ich an die Winter früherer Zeiten, an unsere erzgebirgischen Winter dachte. Die Älteren unter uns werden sich vielleicht noch erinnern, wie solch ein echter erzgebirgischer Winter aussah. Da türmten sich so ungeheure Schneemassen auf, dass einstöckige Häuser bis zur Höhe des ersten Stockes, ja bis zum Dach dahinter verschwanden und lange, tunnelartige Gänge bis zu den Haustüren geschaufelt werden mussten. Ein Nachbar half dem andern. In den Stuben war es finster; denn die Fenster waren zugeschneit, manches Häuschen musste buchstäblich ausgegraben werden. Oft waren einzeln stehende Gehöfte von der Außenwelt abgeschnitten. Der Schneepflug, von kräftigen Pferden gezogen, wurde täglich sehnlichst erwartet; er kam durch die gewaltigen Schneemassen kaum hindurch. Hinter den aufgeworfenen weißen Mauern waren die Omnibusse – wenn sie überhaupt fahren konnten – von den Schneeschuhläufern auf der anderen Straßenseite nicht mehr zu sehen, für sie waren die Skier noch das einzig mögliche Verkehrsmittel, aber die Läufer konnten sich nur noch an den Kronen der Bäume, die die Straßengräben säumten, orientieren, ihre Stämme waren im Schnee versunken.

Noch nach dem Zweiten Weltkrieg erhielt ich aus Geyer Zeitungsausschnitte mit solchen Winterbildern. Schön waren sie anzusehen, aber wenn es immer wieder Neuschnee gab, der lange liegen blieb, waren doch viele Unannehmlichkeiten und manche Mühsal damit verbunden.

Nur die „Ruschler" – später sagte man Rodler – hatten ihre schönste Zeit. Sie ruschelten auf ihren vom Vater oder Großvater aus Kistchen oder Brettern selbst gebauten niedrigen „Kaashitschen" begeistert und ausdauernd von Berg zu Tal. Besser und sicherer waren schon die größeren, rot oder grün angestrichenen hölzernen Schlitten, die auch

zwei Kinder tragen konnten. Manchmal hatten sie ein Geländer, wenn Kleinkinder damit ausgefahren wurden. Später kamen kleinere eiserne Schlitten auf, ebenfalls mit einer Lehne, sie alle waren sicherer als die selbst gebauten. Dann trat der Rodelschlitten seinen Siegeszug an. Daneben gab es Hörnerschlitten, Standschlitten, „Rennwolf" genannt, mit sehr langen Kufen, vorn zwei bis drei Personen Platz bietend, dahinter zwei senkrechte Stangen, durch eine Querleiste verbunden. An dieser hielt sich der Lenker fest, „Aus, aus" oder „Bahne" schreiend, und lenkte umsichtig das sperrige Gefährt. Das war gar nicht so einfach, besonders bei vielen Kurven. War er nicht stark und geschickt genug, landete die ganze Fuhre im Straßengraben. Dann gab es ein großes Hallo, es war aber nicht schlimm, man fiel ja weich. Wie schön war die sausende Fahrt und ganz besonders bei Mondschein. Vom hochgelegenen Bahnhof bis nach Sachsenfeld waren es fast fünf Kilometer, aber der lange Heimweg wurde nicht gescheut.

In den meist hochgelegenen Ortschaften waren die Wegverhältnisse oft besonders schlimm, z. B. der Weg von dem auf steilem Berg gelegenen Johanngeorgenstadt bis zum Bahnhof unten im Schwarzwassertal, fast ein Wagnis bei Eisglätte. Dieses „Bargel" wurde trotz aller polizeilichen Verbote und Kontrollen (die den Ruschlern sonderbarerweise meist vorher bekannt zu sein schienen, denn keiner ließ sich erwischen) von groß und klein als Rodelbahn benutzt. Man konnte sie nur in Filzschuhen oder mit dicken Wollsocken über den Stiefeln begehen. Schon der Weg vom Bahnhof zur Stadt hinauf war eine Quälerei. Mancher Reisende hat ihn verflucht. So auch jener Geschäftsmann aus „Kamtz" (Chemnitz). Als er schwitzend und keuchend endlich oben ankam, sah er einen etwa fünfjährigen Jungen neben seiner „Kaashitsch" stehen. Er traute sich anscheinend nicht, die gefährliche Fahrt zu wagen. Der Fremde sprach das Kind freundlich an: „Na, Kleiner, fahre doch auch einmal!" Worauf das Gungel (Jungchen) auf echt Erzgebirgisch erwiderte: „Ha! Hiehaa?! Hä?!" Der Fremde verstand diese rätselhaften Worte natürlich nicht, versuchte es noch einmal, bekam aber dieselbe Antwort. Er merkte sie sich gut und ließ sie sich von einem Geschäftsfreund in der Stadt ins Hochdeutsche übersetzen. „Ha!" = abwehrender Ausruf, heißt so viel wie „Na sowas!" „Hiehaa!" = „Solls mich etwa hinhauen?!" „Hä?!" fragend gesprochen, bedeutet so viel wie „Was denkst du dir denn eigentlich?!" Der Städter staunte, wie knapp und treffend mit nur vier Silben etwas in unserer Mundart ausgedrückt werden kann.

Wenn auch die Schneeschuhe, die Skier das bevorzugte persönliche Verkehrsmittel des Erzgebirgers waren, so benützte man bei passendem Schnee auch Schlittschuhe. Damit kam man schnell und gut vorwärts. Sie wurden jedoch nur selten zu richtigem Eislaufsport verwandt. Als Sportmittel war der Ski bekannter und beliebter. Das beweisen die wichtigen Veranstaltungen und Wettkämpfe mit weltbekannten Läufern, die seit vielen Jahren auf der großen Sprungschanze am Fichtelberg ausgetragen wurden.

Der Ski-Langlauf, von dem jetzt so viel die Rede ist und für den man sogar besondere Ski geschaffen hat, ward schon immer geübt. Jeder, der einmal durch die verschneiten Erzgebirgswälder und weithin über Täler und Höhen lief, wird solch Erlebnis wohl nie vergessen.

Höhepunkte aller winterlichen Freuden aber waren die „Schlittenpartien". Fast jeder Verein veranstaltete eine solche Fahrt und viele Familien freuten sich schon lange vorher darauf. Nach genauester Erkundigung durch den Familienvater, ob bis zum vorgesehenen Zielort auch die Bahn frei sei, kam eines Sonntagmorgens ein schöner großer Schlitten, von kräftigen Pferden gezogen, trotz klirrender Kälte und noch herrschender Dunkelheit angeklingelt. Man hörte ihn schon von Ferne; denn die Pferde trugen auf ihren Köpfen blitzend blank geputzte Messingbügel mit melodisch aufeinander abgestimmten Glöckchen. Man war früh aufgestanden; denn Wärmflaschen mussten gefüllt, Decken und Fußsäcke herbeigeschleppt werden. Von Letzteren lagen zwei aus Fuchsfell, die bis zu den Knien reichten, im Schlitten. Die Eltern, die Kinder, alle waren dick vermummt und auf dem „Bock" thronte der Kutscher, mächtig und groß in seinem Schafpelz, über dem er noch eine dicke „Pelerine" trug. Dazu eine Pelzmütze mit Ohrenschützern. Auch seine Hände waren riesig; denn die steckten in zwei Paar Fäustlingen aus Wolle und Pelz. Auf dem Außensitz am hinteren Ende des Schlittens saß der ebenso gut verpackte Vater, Mutter mit den Kindern wohlgeborgen unter Woll- und Pelzdecken im Innern des Gefährts. Auch die Pferde trugen warme Decken um die Leiber gewickelt. Endlich zogen sie an, die Glöckchen läuteten bei jedem Schritt und Kopfnicken der Tiere – das war das Allerschönste. Noch heute klingt mir diese Glockenmelodie im Ohr. Der Schlitten kroch den steilen Berg hinan. Oben auf der Höhe pfiff der Wind, aber jetzt trabten die Pferde schnell über den glatten Schnee. Die Kinder jubelten und meinten zu fliegen. Und alles, aber auch alles weiß beschneit! Die Älteste, bekannt für ihre Fragewut, fing schon wieder an mit ihrem ewigen „Warum?" „Warum sieht der Schnee denn immer nur weiß aus, so ganz ohne Farbe?" Doch die Mutter zeigte ihr im Morgendämmern die kühlblauen Schatten der Bäume, den lila und violetten Schimmer im ersten morgendlichen Frührot und als eben die Sonne aufging, leuchtete der Schnee gar in rosarotem Licht. Welch ein Farbenspiel!

Und jetzt kam das Allerschönste: die Fahrt durch den tief verschneiten Wald. Wie seltsam verwandelt sahen die hohen Fichten rechts und links der Straße doch aus! Alle dick vermummt in ihren Mänteln aus Schnee! Da ein Baum wie ein auf den Hinterbeinen stehender großer Bär, dort ein kleines Tännchen sah aus wie ein Zwerg mit hoher Zipfelmütze, da drüben stand eine Elefantenherde, ein Riese … Unsere Fantasie gaukelte uns immer neue Bilder und Gestalten vor. Plötzlich lichtete sich der Wald, ein Zaun tauchte auf, jede Latte mit einem Schneemützchen; das Waldhaus von Lutze zwischen Elterlein und Geyer, auf halbem Weg zu unserem Ziel. Es sah mit den langen, zuckerstangenähnlichen Eiszapfen, die von seinem Dach herunterhingen, wirklich aus wie ein Knusperhäuschen. Der

Vater riet zur Rast, zum „Aufwärmen". So schälten wir uns aus unserer vielschichtigen Verpackung und stärkten uns: die Erwachsenen mit einem „steifen Grog", was die Älteste, wegen der fehlenden „Steife", prompt fragen ließ: „Warum ist denn dann der Grog nicht hart?" Die Kinder bekamen heißen Tee. Die Pferde, warm zugedeckt, taten sich inzwischen am Hafer gütlich, der ihnen in Säcken vor den Mäulern hing. Dann ging die klingelnde Fahrt weiter. Der Wald wich zurück, weite, sanft geschwungene Hänge taten sich auf, blauester Himmel über uns, Raureif an Gräsern, Büschen, Bäumen, die ganze Landschaft silbern in der Sonne glitzernd, ein wundersamer Anblick. Von fern her klangen die Kirchenglocken der alten Heimatstadt. Bald waren wir da und fröhlich hieß man uns willkommen.

Die Kinder tobten nach dem langen Sitzen im Garten, bauten einen Schneemann, lieferten sich eine Schneeballschlacht und die Großen hatten sich so viel zu erzählen, dass die Zeit bis zur Heimfahrt zu schnell verging. Auf dem halben Heimweg begann es schon zu dunkeln. Immer tiefer wurden die Schatten, der Mond, die ersten Sterne zogen auf. Die Mutter zeigte uns einige Sternbilder; den Polarstern, den großen Wagen, den Sirius. Sie erzählte von den Schlittenfahrten ihrer Jugendzeit. So von jener, als plötzlich ein Rehbock vor dem Schlitten über die Straße sprang und im jähen Schreck die Pferde scheuten. Der Schlitten fiel um und die Insassen versanken in einer mächtigen, tiefen Schneewehe, aus der sie sich erst nach langem Mühen wieder herausarbeiten konnten. Dazu hatte ein so starkes Schneetreiben eingesetzt, dass man fast keinen Weg mehr fand, bis man endlich mit großer Verspätung doch heimkam.

Die Kinder waren eingeschlafen, träumten wohl von ihrer schönen Schlittenfahrt. – Viele solche Erlebnisse wurden mir seitdem geschenkt, jede Fahrt nach einem anderen Punkt unserer Heimat, jede von besonderem Reiz. Noch heute denke ich oft an diese Winter meiner Kindheit und Jugend, an manche echt erzgebirgische Schlittenfahrt.

Olga Klitsch

D'r erschta Schnee in Aarzgebirg!

O sat[1] ner naus! D'r erschta Schnee!
O gruße Frad. O Wunner.
In schtilla Tool, of luft'ger Höh
Schneit's setta Baamwoll runner.

Jeds Astl, Baaml, Hüttl, Haus
Hoot's schu bal' eigeschneit.
Kummt haar ans Fanstr! Guckt ner naus
Wie huch dr Schnee schu leit.[2]

Windweha[3] hoot's eich haargeschuhm,[4]
Dos is a wahre Pracht,
Un sat ner naus, 's werd viel noch druhm
Vun setter War' gemacht!

Fix, Kinner, fix, 'n Schlietn raus,
Nu of dr Ruschel furt!
Wie is dos harrlich! Ei dr Daus!
Of daara Tschinner durt.

D'r aane laaft of Schneeschuh aa,
Dr annre rutscht of dr Hus',
Do ruschelt, tschinnert gruß un klaa,
Hemdarmlich[5] oft un bluß.

Un haats an runner in de Weh',
Do lacht m'r noch drbei.
Denn waar siech bad't in frischn Schnee,
Kriegt rute Backla fei.

Wie Spinnbrattr sei de Fanstr gefrurn,
De Heisla schtack'n in Schnee.
's pfeift im de Noos' un zwickt an de Uhrn
De Käl' of gebirg'scher Höh.

Wie Engla schtinna de Baam' in Wald,
Gelitzern wie Demantschei.[6]
Su hoot sa dr Harrgott neigeschtellt,
Un traama vun Lieb un vun Trei.

Un kimmt dos Weihnachtsfast erscht ra,
De liewa „Bornkinnlzeit",[7]
Do ginna erscht de Lustn a –
Ach, wärscha ner schu heit! –

Wenns draußn a racht wattert, schneit,
In dr Hutznschtub is schie;
Durt klippln fleß'ge Hutzenleit
De ganze Nacht, bis früh.

Do singa sa da „Stille Nacht",
Manch annersch Weihnachtslied,
Dos wahrlich fruh un glicklich macht
's gebirgische Gemüt.

Mog's schneia drim na Winner lang,
Iech halt's in Schtüwel o,
Setz' miech of meinr Ufnbank
Un bi vun Harzn fruh.

Robert Müller

1 seht
2 liegt
3 Windwehen = Schneehügel
4 hingeschneit
5 in bloßen Ärmeln
6 Demantschein
7 Darunter ist die Weihnachtszeit
   gemeint (geborenes Kindlein).

Schneefall

Vom Schneefall der vorigen Woche laufen immer noch recht schlimme Nachrichten ein.

In Wildenfels fand man in der Nähe der Königsmühle ein an einen Wagen gespanntes Pferd tot auf. Der Führer des Geschirrs hatte sich wohlbehalten bei seinem Dienstherrn wieder eingefunden. Gegen diesen Dienstknecht wird der Vorwurf erhoben, daß er das Fuhrwerk im Freien, obwohl er ein schützendes Asyl für dasselbe in nächster Nähe gehabt, im Stich gelassen und dadurch das Erfrieren des Pferdes verursacht habe.

Eigentümlich ist die Erscheinung, dass in unserem oberen Erzgebirge selten ein Mensch im Schnee umkommt und daß dabei der Verkehr zwischen den Ortschaften nicht unterbleibt. So kam in den letzten Schneesturmtagen ein Bewohner der Tellerhäuser nach Rittersgrün und hob an: „Der Hunger trebt mich rei." Es wären nämlich die Lebensmittel der Familie ausgegangen. Wie viele Menschenleben durch die Schneestürme ihr Leben eingebüßt haben, ist noch nicht festgestellt.

Nachrichtsblatt für Kirchberg und Umgebung (Nr. 153, 30. Dez. 1886)

Schneeschuhfahrerlied

Nu kimmt er, der Winner, mit Frost un mit Schnee,
nimmt manning de Lust un de Freid;
nu schlummern de Fichten do druhm off der Höh
un traame von goldiger Zeit.
    Mir oder, mir sausen vun Barg ze Tol
    un kenne net Frost un net Kält;
    der Winner, daar macht uns kaa Sorg un kaa Quol,
    sulang uns de Aard noch behält!

Der Lob hinner'n Ufen daar bastelt un sogt
un reibt sich vergnügt seine Händ:
„Do naus in daar Kält un in Schnee rümgegogt?
Ihr Kinner, dos brächt mir mei End!"
    Mir oder, mir sausen –

Do drühm an der Stroß offn Vugelbeerbaam,
do flattert a hungrige Schar
von Ziemern, die flocken de Beerle zum Laam,
un kaans ward ne Gaager gewahr!
    Mir oder, mir sausen –

Der Rutfuchs an Waldrand zieht traurig sei Bah',
schleicht hungrig un trüb üme Ort:
Kaa Maus un kaa Haasel, kaa gackiter Hah –
du Winner, du dieser, mach fort!
    Mir oder, mir sausen –

Der Dachs in senn Aardloch, daar schläft ugestört,
vor Kält un vor Hunger bewahrt;
när wenn er dos Treib'n un dos Laam asu härt,
do knurrt er a wing in senn Bart.
    Mir oder, mir sausen vun Barg ze Tol
    un kenne net Frost un net Kält;
    der Winner, daar macht uns kaa Sorg un kaa Quol,
    sulang uns de Aard noch behält!

Hans Siegert

Schneehütten

Der Winter war für uns Kinder im Gebirge immer die schönste Zeit, wenn wir mit „Bahne frei!"-Gebrüll auf unseren Rodelschlitten den Berg hinuntersausen oder auf Skiern durch die Wälder streifen konnten.

Aber ich denke bei diesen Jugenderinnerungen oft auch an eine andere beliebte und herrliche Beschäftigung zurück: an das Bauen von Schneemännern, Schneeburgen und Schneehütten. Mit großem Fleiß und wahrhaftiger Begeisterung haben wir uns damals diesen selbst gestellten Aufgaben gewidmet. Die Weihnachtsferien boten dafür natürlich die beste Gelegenheit, weil jegliche Arbeit auf den Feldern und im Wald ruhte und wir so genügend Freizeit hatten.

Schnee gab es meist mehr als genug. Meterhoch türmte er sich oft an den Straßen- und Wegrändern auf, wie es auch Anton Günther in seinem Lied „Haamwärts" besungen hat: „Do drubn rüm of dr Höh, do liegt a Haufen Schnee."

In diesen Schneebergen haben wir Gänge vorangetrieben, manchmal zehn bis fünfzehn Meter und – wenn es die Lage ergab – auch noch länger. Wie Maulwürfe arbeiteten wir uns voran, auch wenn Strümpfe und Hosen längst durchnässt waren. Keiner wollte nach Hause gehen, vor allem nicht, wenn die Dämmerung hereinbrach und wir in den Höhlen Kerzen anzünden konnten, die uns dann schnell wieder durchwärmten.

Gern bauten wir auch Schneeburgen, hinter denen man sich vor den Schneebällen des Gegners schützen, aber im rechten Augenblick auch die gegenüberliegende Bastion mit einem Trommelfeuer belegen konnte. Der Höhepunkt war dann die Erstürmung der gegnerischen Anlage. Die Unterlegenen wurden – sofern sie nicht rechtzeitig das Weite gesucht hatten – hinterher noch richtig mit Schnee „eingeseift". Danach versöhnte man sich aber schnell wieder, und besonders, wenn es galt, eine neue Schneehütte zu bauen, fasste jeder begeistert mit an. Wichtig war es jedoch, dass sich die Schneemassen „gesetzt" hatten und sich eckige Stücke wie Ziegelsteine abstechen ließen, die dann aufeinandergeschichtet wurden. Je größer der viereckige Innenraum ausfiel – oft war sogar noch ein Vorraum davor –, desto gemütlicher wurde es darin. Balken und Bretter mussten herbeigeschleppt und eingebaut werden, damit alles einen sicheren Halt hatte. Obendrauf kam dann ein möglichst spitzes Schneedach, und an Frosttagen wurde alles sogar noch mit Wasser bespritzt, damit die Hütte auch das nächste Tauwetter überstand. Schneehütten in der Iglubauweise der Eskimos wären für uns zu klein gewesen, um eine größere Kinderschar des Dorfes aufnehmen zu können. War die Hütte fertig, traf sich die Dorfjugend zu den beliebten Christbaumverlosungen und manch anderem neckischen Spiel. Für die Liebespaare waren die Schneehütten ein besonders beliebtes Versteck, denn nun brauchten sie sich nicht mehr in den Vorhäuseln der Nachbarn unterzustellen.

Wir kamen einmal aus der Turnstunde und nach einem Glas Bier spät am Abend nach Hause, als einer von uns Licht in der Schneehütte entdeckte. Sofort war der Entschluss gefasst: „Die Brieder rußn mer aus un stelln de Hütt zu!" Im großen Bogen ging es dann leise um das Versteck herum. Jeder suchte sich bei den Nachbarhäusern eine Schaufel, stach große Stücke aus dem Schnee und schleppte sie in die Nähe der Hütte. Als genügend Vorrat vorhanden war und das Liebespärchen – wir hatten längst erkannt, wer da am Schmusen und mit sich selbst beschäftigt war – sich weiter unentdeckt glaubte, wurde der Eingang ganz schnell und geräuschlos mit den Schneeblöcken verbarrikadiert. Erst als wir sie nun im Sprechchor aufschreckten und aufforderten, endlich herauszukommen, wurden sie sich ihrer peinlichen Lage bewusst. Es blieb ihnen nichts anderes übrig, als die Schneemassen von innen mit bloßen Händen beiseitezuräumen. Das Mädchen schämte sich wohl ziemlich, denn es rannte, von einigen schadenfrohen Zurufen begleitet, schnell davon.

Gottfried Ihle

Wenn es Winter sein ward

Mei Nannl, bis ward Winter sein,
do tu mr ruscheln gieh,
do setz mr uns um Schlitten drauf
un sausen übern Schnie.

Ich sitze vorn, du hinter mir,
du hälst dich on mich o,
und mit'n Stiefeln lenke ich,
ich free mich itz schun dro.

Bargauf tu ich 'n Schlitten zieh,
und du konnst sitzen bleibm,
und wenn dich on de Hände friert,
do tu ich se bill reibm.

Max Tandler

Winter am Fichtelberg

Kirchberg. Im hiesigen Turnverein hat sich eine „Schnee-schuhriege" gebildet, die sich zur Aufgabe gestellt hat, die schöne und gesunde Körperübung, das Schneeschuhlaufen, zu pflegen. Es wäre sehr zu wünschen, dass diese Riege, deren Leitung in fachkundigen Händen liegt, recht viele Anhänger fände. Nächsten Sonnabend und Sonntag unternimmt die Riege bereits ihre erste Turnfahrt mit Schneeschuhen nach dem Fichtel- und Keilberg.

(Kirchberger Tageblatt, Nr. 4, 6. Januar 1912)

Ruscheln

Annaberg. Die Höhe des Ruschelsports haben zweifelsohne zwei Jungen erklommen, die gestern in den Nachmittagsstunden die Silberstraße auf Kehrichtschaufeln herabrutschelten. Eine zahlreiche Menschenmenge sah lachend den ingeniösen Sportfexen zu.

(Kirchberger Tageblatt, Nr. 61, 14. März 1907)

An Schulbarg hobn de Kinner
meitog de schönste Tschinner;
när iech, iech dummer alter Ma,
iech denk fei nie an darer Bah …

Manfred Pollmer

„Ball is Weihnachtszeit"

Vom erzgebirgischen Advent

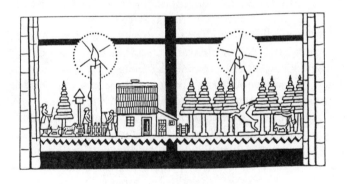

Weihnachten im alten Erzgebirge. Alle Berichte sprechen von einer Zeit intensiver Vorfreude, vom Advent im eigentlichen Sinne, der Zeit der Ankunft des himmlischen Kindes. Und diese Adventszeit wurde mit allen Sinnen begangen! Im Mittelpunkt steht das „Männelwecken", das Hervorholen der weihnachtlichen Figuren aus Kisten und Kästen, vom Spitzboden oder aus der Kammer, mit dem das Vorbereiten der Weihnachtsaufbauten beginnt. Da gibt es allerlei zu leimen und zu bemalen, zu restaurieren und zu ergänzen, zu schnitzen, zu bästeln oder zu drechseln, bis das „Eck" in neuer Pracht erglänzt. Das Eck – das kann ein einfaches Eckbrett mit der Christgeburt sein, aber auch ein ganzer Weihnachtsberg, der einen Tisch oder die halbe Stube einnimmt, eine „orientalische" oder eine Bergmannskrippe, ein Paradiesgarten oder eine Pyramide – und über allem ein Deckenleuchter oder ein Schwebeengel. Die einfachste Form: das figurengeschmückte Fensterbrett.

Zum ersten Advent gehörte das erste Turmblasen; die Zeit der Kurrenden, der umherziehenden kleinen Chorgruppen, begann, und Weihnachtsverkaufsstände überall: vom bescheidenen „Schachtelmann", der einen Verkaufstisch in einem Hausflur oder einer Toreinfahrt aufschlug, bis zu den großen Märkten wie dem Niklasmarkt in Annaberg.

Adventszeit, gesellige Zeit mit Hutz'ngehen, mit Glückauf-, Lichter- und Vereinsabenden, mit der Schulmette am letzten Tag vor den Weihnachtsferien, mit der „Langen Nacht" vor dem Heiligen Abend, an dem z. B. die Spankorbmacher gemeinsam so viel vorarbeiteten, dass sie sich freie Stunden an den Festtagen leisten konnten, mit dem erwartungsvollen Fensteröffnen am Weihnachtsabend, um das Glockenläuten hereinzulassen, mit den Gabenbringern wie dem Hl. Nikolaus (6. Dezember), dem Weihnachtsmann, der im Erzgebirge ganz allgemein Rupprich hieß, und dem „Bornkinnel", das auch auf vielen Altären stand.

„Ball is Weihnachtszeit", hatte es wochenlang geheißen, „nochert", wenn „när Frieden of Arden, ihr Leit" ist, „nochert is Weihnachtszeit".

E. H.

Ball is Weihnachtszeit

Ball is Weihnachtszeit,
alls is eigeschneit.
Drubn of unnerer Höh'
liegt ne gruße Windweh.

Satt när naus, die Pracht,
's Herz in Leib mir lacht,
's Heisel is eigeschneit:
Ball is Weihnachtszeit.

Schie is nu drham,
e richtigs Winterlabn.
Of dr Ufenbank
ward de Zeit net lang.

Kachelt tüchtig nei,
's muss warm in Stübel sei.
Wenn's racht wattert un schneit –
ball is Weihnachtszeit.

Haamit, meine Walt!
Brauch net Gut un Gald.
När Frieden of Arden, ihr Leit –
nochert is Weihnachtszeit.

Luise Pinc

Fensterbrettel im Erzgebirge

Schon seit Tagen wirbeln droben im Erzgebirge die Schneeflocken, und als am Morgen des ersten Adventssonntages der Danel zur Haustür hinaustritt, hat es eine gehörige Windwehe vor die Stufen gesetzt. Er zieht rasch die Ärmeljacke über die frische blaue Sonntagsschürze, stopft sich 'ne Pfeif' und macht erst einmal „Bahne". Als er wieder ins Stübel kommt, hat seine Frau, die Mienel, schon eingeheizt, und die Kaffeekanne steht mitsamt den buntgeringelten „Tippeln" auf dem Tisch. Die drei Kinder, der Fritz, die Liesel und 's Hannel, sitzen schon davor und warten. Der Danel schneidet das Brot ab, die Mutter gießt den Kaffee aus und macht die Schnitten für die Kinder zurecht. So mittendrin sagt der Ftitz: „Voter, wenn fange mer dä ah mit 'n Fansterbrattel?" Die beiden Mäd sind ganz außer dem Häusel und wollen gleich aufspringen; aber da meint die Mutter: „Itze werd erscht mol gassen!" Nach dem Kaffeetrinken zündet der Danel eine neue Pfeife an und steigt mit

den Kindern hinauf auf den Spitzboden. Dort hinten in der Ecke steht die Spanschachtel mit dem „Fansterbrattelzeig". Die bunten Blumen darauf sind arg verblasst; die Großmutter hatte sie dereinst als Kind zu Weihnachten geschenkt bekommen, damals war eine ganze Schäferei darin gewesen. Behutsam zieht sie der Danel hervor, und nun poltern alle vier die Treppen wieder hinunter.

In der Stube wird die Spanschachtel mitten auf den Tisch gesetzt, die Mienel wischt rasch den Staub ab und beinahe feierlich hebt der Vater den Deckel hoch. Die Kinder knien auf den Stühlen und schauen voller Spannung zu; ihre Ausrufe überstürzen sich. „Oh, dohierting is der Färschter! Un do sei de Schafeln! Guck när, do kimmt fei das Raachermannel!" Eins nach dem andern packt der Danel vorsichtig aus und stellt es auf den Tisch. Der Schäfer hat seinen Stecken verloren, dem Holzweibel fehlt ein Arm, hier und da muss etwas neu geschnitzt werden. „Fraa, stell när gleich 'n Leimtopp of'n Ufen, do is mannigs wieder vürzerichten. Un Fritz, du schaffst derweile 's Brattel hinzu, un ihr Mäd schneid't de Spitzen aus Glanzpapier." Und nun geht es los; der Danel schnitzt und leimt, sein Gung hilft ihm dabei. Mittlerweile haben die Mädel auch die Zackenborte fertig geschnitten, der Fritz leimt sie an die Brettkanten vorn und hinten, dann passt er das Brett zwischen das Innen- und Außenfenster.

Jetzt dürfen die Kinder aufbauen. Sie wissen genau, wohin jedes Stück gehört, hatte doch schon der Großvater dieselben bunten Seiffener Holzfiguren alljährlich hervorgeholt, und immer wieder, Jahr für Jahr kam jedes auf seinen festbestimmten Platz. Mitten auf dem Brett steht das Häusel, daneben der Zaun mit dem Taubenschlag, in der rechten Ecke der Wald mit Jäger und Hund, mit dem Fuchs und den springenden Hirschen; und links weidet der Hirt seine krausgelockte Herde. Zuletzt werden noch vier geriefte Dreierlichtel auf das Brett getropft, die inneren Fensterflügel werden geschlossen – und nun hocken die Kinder davor und erzählen sich mit roten Backen ihre Fensterbrettelgeschichten.

Der Danel brennt ein Räucherkerzel an, steckt es in den Bauch des „Raachermannels" und sagt zufrieden: „Kinner, itze riecht's wieder nach Weihnochten."

Kaum können die Kinder den Abend erwarten, immer wieder fragen sie: „Dürfen mer de Lichteln ahbrenne?" Endlich ist es so weit. Bedächtig zündet der Vater die Kerzen an. Sechs Kinderaugen strahlen. Bald aber lässt es den Kindern keine Ruhe mehr, es treibt sie hinaus, sie wollen ins Dorf „gucken gehen". Ein scharfer Wind stiebt den Schnee von den niedrigen Dächern; die drei Danel-Kinder spüren es kaum, so voller Erwartung sind sie. Überall leuchten jetzt die Fensterbrettel, vor jedem bleiben sie stehen und bestaunen es. „Guck när, do is ne richt'ge Schneidmühl! Oh, ne Ruschelbahn!" Unterwegs begegnen ihnen noch viele kleine Kindertrupps, alle gehen sie „gucken". 'n Lobwilhelm sei Gung ruft ihnen schon von Weitem zu: „Gieht när mol zu'n Liebenfritz, do hom se ne Stülpner-Korl of'n Brattel!" Eine wundersame Erregung hat sie alle ergriffen. Es ist, als ob eine geheime Kraft von diesen bescheidenen Fenstern auf die ganze Dorfgemeinschaft ausstrahle und sie in ihr warmes, freundliches Licht hülle.

Als die Kinder heimkommen, glühen ihre Backen. Es dauert diesmal lange, ehe sie einschlafen, so viel haben sie sich zu erzählen von „ihren" Fansterbratteln.

Hellmuth Vogel

Weihnachtliches Turmblasen
und Feldgeschrei

Im Advent begann's. Wenn wir zur „späten" Abendstunde noch nicht selbst zum Turm laufen durften, ließ uns doch die Mutter ans leicht geöffnete Fenster treten, während durch oft dichten Flockenwirbel oder in ganz klarer Luft die weihnachtlichen Lieder ertönten. Später aber liefen wir in gewissem Abstand hinter dem Nachbarn Köhler Fritz her, wenn er sein Haus verließ, dick vermummt, die Posaune unterm Arm. Wir sahen, wie er sich am Kirchturm mit einigen Männern von der Turm-Blas-Brüderschaft traf, wir hörten, wie der Schlüssel das Turm-Portal knarrend öffnete, dann sahen wir, wie das Licht der Laterne im Turm immer höher stieg. Jetzt musste es bei den Glocken sein! Dann öffneten sich die Schalltüren auf dem Glockenboden über dem steilen Kirchendach. Lauter als sonst schlug nun die Turmuhr ihren Stundenschlag: 8 Uhr! Und hallte das Feldgeschrei – wir nannten es das Böhmische Feldgeschrei, weil es noch aus der Zeit stammen sollte, als die Hussiten das Städtchen berannt hatten – über das stille Land.

Nachdem es verhallt war, kam das erste Adventslied: „Macht hoch die Tür, die Tor macht weit!" und dann „Tochter Zion, freue dich" und als drittes das erzgebirgisch innige: „Ich freue mich in dir und heiße dich willkommen". Den Abschluss bildete wieder das Feldgeschrei. Am zweiten Adventssonntag wurde wieder geblasen, nun kamen schon weihnachtlichere Lieder, ebenso am 3. Adventssonntag. Von da an bis zum Heiligen Abend, etwa in der Wochenmitte bis einen Tag vor Heiligabend erklangen nun die schönsten Weihnachtslieder, bis es am letzten Abend besonders feierlich, so schien es uns, ertönte: „Es ist ein Ros entsprungen!", dann „Kommet ihr Hirten, ihr Männer und Frauen" und zuletzt das „Stille Nacht, heilige Nacht". Und auch dann kam am Schluss – noch einmal als Ermahnung fast – das Böhmische Feldgeschrei.

Christian Werner

Damals in Annaberg

Wieder kämpfe ich mich, wie so oft in meiner Jugend, gegen die Gewalt des Wintersturmes an der mächtigen Sankt Annenkirche vorbei. Das heult, pfeift und orgelt um die hohen Flanken des Gotteshauses, die im Schneetreiben kaum zu erkennen sind. Winter im Erzgebirge! Jäh bricht das „Furioso" des Sturmes ab, und in abendlicher Stille liegen Kirche und Gassen da. Während der hohe Turm der Annenkirche schemenhaft in die Dunkelheit hineinwächst, strahlt herzerwärmend aus den Stuben und Läden der im Vergleich zur mächtigen Kirche fast niedrigen Häuser Lichterschein glitzernd im Neuschnee wider. Ein feiner Duft frischbackenen Stollens und Kuchens kommt aus den Türen der Backstuben, wenn in Körben und auf Schlitten Frauen den Weihnachtsstollen glücklich heimschaffen.

Es zwingt mich ein kindliches Verlangen, mir einen der in Annaberg zur Adventszeit üblichen Niklaszöpfe zu kaufen. Er schmeckt mir mit seltenem Wohlbehagen in der abseitigen Stille des oberen Kirchplatzes. Da klingt von der Kl. Kirchgasse her aus einem der Häuser weihnachtliches Singen. „Freu dich, Erd und Sternenzelt", jubelt die Annaberger Weihnachts-Kurrende. Chorkinder in schwarzen Mänteln und Tuchkappen tragen singend die Weihnacht von Haus zu Haus, von Straße zu Straße. Was macht es schon aus, dass sie mit frommen Weisen hausieren gehen? In die Winterkälte hinein preisen sie die Weihnacht. Ergriffen bleibe ich stehen. Über alle Zeit hinweg wird glückliche Kindheit glückliche Gegenwart. Die Chorkinder zwingen mich mit ihrem schlichten Gesang in ihren Gang. Ich folge ihnen die Kirchgasse abwärts. Alle Unrast des Tages ist einem Zeithaben gewichen. Dann wende ich mich aber dem Marktplatz zu. Um die „Barbara" herum steht dort eine kleine Weihnachtsstadt, ist Wald inmitten der Häuser, ist Niklasmarkt!

Niklasmarkt! Annaberger Niklasmarkt, das ist eine Wunderwelt weihnachtlicher Freude!

Wie gern und wie oft an einem Tage bin ich als Kind durch seine Reihen gegangen, am liebsten abends, denn im Lampenscheine erstrahlte alles viel schöner. Unbestrittener Glanzpunkt waren die Verkaufsstände der Weihnachtsfiguren aus Papiermaché beim Männel-Lahl und Männel-Grummt. Auf den weißen Regalen, in den sauberen Fächern befand sich der figürliche Reichtum der erzgebirgischen Weihnacht in biblischer, bergmännischer und heimatlicher Gestaltung. Und welche Farben! Wie glücklich machte der Erwerb auch nur einer Figur für den Berg oder für die Pyramide. Wie haben wir die Verkäufer bewundert, wussten wir doch, dass sie selbst alle diese Herrlichkeit in Gestalt und Farbe schufen.

Nicht minder schön waren die Buden mit dem Seiffen-Olbernhauer Zeug und der Stand der Pfefferküchlerei Gottlieb Bubnick aus Pulsnitz.

Hinter der kleinen Budenstadt grünte der Weihnachtswald. Wenn auch Engel und Bergmann, Leuchter und Räuchermann, Weihnachtsberg und Pyramide geschnitzt oder gedrechselt die eigentliche erzgebirgische Weihnacht sind, ein Baum vollendet das Glück! Und wenn es nur eine Fichte ist! Was ihr die Natur an Ebenmaß versagte, daheim wurde mit dem Bohrer und hinzugekauften Ästen nachgeholfen, sodass am Heiligen Abend eine schön gewachsene Fichte im Lichterglanz aufstrahlte. Den schönsten Baum aber stellte die Stadt selbst auf. Er stand inmitten der ersten Budenreihe gegenüber der Löwen-Apotheke. Weihnachtlich leuchtete er vom 1. Advent an bis über das Fest hinaus.

Wenn in später Abendstunde winterliche Stille über dem Marktplatz lag, wenn gar Neuschnee die Äste des Baumes niederdrückte, dann funkelte sein Lichterschein in ungezählten Kristallen wider.

Das Leben führte den einstigen Kurrendaner hinaus in die Weite deutschen Landes. Wo immer er auch ist, im Advent geht das Herz eigene Wege, es sucht die heimatliche Bergstadt.

Helmuth Stapff

Vom Kurrendesingen in Hartenstein

Ich gehörte auch zu den Kurrendesängern. Zu meiner Zeit bestand die Gruppe aus etwa 20 Kindern im Alter zwischen 10 und 14 Jahren. Wir sangen im Gottesdienst, abwechselnd auch bei Beerdigungen. Bei den Gängen zum Friedhof trugen wir die weiten, dunklen Umhänge, die in der Sakristei der Kirche aufbewahrt wurden. Einer der größeren Jungen ging uns mit dem Kruzifix voran. Auf das Kurrendesingen in der Weihnachtszeit freuten wir uns schon während des ganzen Jahres. Drei- oder viermal trafen wir uns gegen Abend mit unserem Kantor, um an verschiedenen Stellen im Niederstädtel, im Oberstädtel, in der Bahnhofstraße oder auf dem Markt zu singen. Meist war es klirrend kalt; man konnte den Frost auf der Zunge schmecken. Der Schnee lag in dicker Schicht locker und leicht auf Dächern, Bäumen und Straßenstangen und festgeschoben vom Schneepflug und glänzend gefahren von den Kufen der Pferdeschlitten auf den Fahrbahnen. Wir trugen nicht ohrenfreie Hüte wie unsere hölzernen Männchen, sondern wollene Mützen oder Kopftücher, und unsere Füße steckten in hohen schwarzen Filzschuhen, innen mit rosa oder beigem Wollfutter warm ausgefüttert. Man schlüpfte in sie hinein und schloss sie leicht und schnell mit drei schwarzlackierten, zweiteiligen Blechschnallen. Dicke Nadelfilzsohlen mit ledernen Absatzplättchen bildeten einen vorzüglichen Kälteschutz nach unten. Der einzige Nachteil dieser Schuhe bestand darin, dass man in ihnen auf der Filzsohle nicht „tschinnern" konnte.

Handgestrickte Fausthandschuhe hielten unsere Finger warm, denn wir nahmen bunte Laternen zum Singen mit, Noten und Textbücher wie die Kurrendesänger auf der Anrichte brauchten wir dagegen nicht. Die Texte vieler Weihnachtslieder konnten wir Strophe um Strophe auswendig, und die Mehrzahl der Lieder sangen wir zwei- oder dreistimmig. Bis heute kann ich mühelos aus einem beachtlichen Besitz gelernter Lieder nehmen, was teils be-

staunt, von Vertretern der modernen Pädagogik eher be-
kopfschüttelt wird. Die Schule der Gegenwart bleibt den
Kindern viel schuldig trotz aufwendiger Ausstattung und
unter Zuhilfenahme von hochentwickelter, teurer Technik. Sie wird dennoch damit dem unterlegen bleiben, was
von Mensch zu Mensch in Köpfe und Herzen eingeübt
und eingesenkt und in lebendigem Bezug angewendet
wird.

Das letzte weihnachtliche Kurrendesingen fand auf
dem Marktplatz statt, und dort war es auch immer am
schönsten. Alljährlich wurde neben dem Denkmal des bekanntesten Hartensteiners, des Dichters Paul Fleming, ein
riesiger, mir immer ein wenig zu schlank erscheinender
Christbaum aufgestellt. Er blieb stehen bis zu „Hochneujahr“, dem 6. Januar, der damals noch als Feiertag begangen wurde. Ein Gewirr von Drähten verband die elektrischen Kerzen, die bis hoch hinauf in den Wipfel des Baumes aufgesteckt waren. Man sah die hässlichen Kabel
nicht mehr, wenn der Schnee Polster auf seine Zweige gelegt und sie ein wenig auseinandergebogen hatte und auch
die Glühbirnen einen Blendschutz aus Schnee auf ihren
Spitzen trugen. Stand der Mond am wolkenlosen Winterhimmel über dem Markt, verblasste
das Licht der Baumbeleuchtung.
Dann glänzte die Gestalt des guten
Paul Fleming wie blankgeputzt im
Mondschein und schien doppelt so
mächtig zu sein wie am Tage.
Auf seinen wallenden Locken
trug er eine weiße Kappe aus
Schnee. Aus der Feueresse
beim Höselbarth-Bäcker an
der Ecke sah man hellen
Rauch kerzengerade gegen
den blanken Abendhimmel
aufsteigen. Dort wurden
noch bis spät in die Nacht hinein Stollen gebacken. War

der Himmel bedeckt oder schneite es, während wir sangen, schloss uns das sanfte Licht des großen Baumes ganz in seinen Kreis ein.

Während einiger Jahre stand der Christbaum in der Adventszeit auf der dreieckigen Verkehrsinsel im oberen Teil des Marktes, umgeben von einem halbhohen, grüngestrichenen Lattenzaun mit zusätzlicher Beleuchtung auf den Eckpfosten und am offenen Eingang des Gatters. Wir sangen auch dort, aber der Standort und die allzu große Helligkeit gefielen mir nicht.

Nach vielen Stationen des Stehens und Singens kroch uns die Kälte auch durch die wärmste Winterkleidung. An einem Abend im Jahr stand der frierenden Schar dann noch ein Höhepunkt bevor, wartete auf uns ein verlockendes, warmes Ziel: die Backstube beim Bochmann-Bäcker. Dorthin richteten wir schon sehnlich unsere Gedanken, während wir noch die letzten Lieder sangen. Kaum damit zu Ende, bliesen wir unsere Laternen aus und eilten die „lange" Straße hinaus, dem Haus gegenüber der „Scharfen Ecke" zu. Wir klopften uns geschwind vor der Tür den Schnee von den Schuhen und durchquerten im Gänsemarsch den Flur, in dem zu beiden Seiten dicht an dicht auskühlende Stollen auf dem Steinfußboden lagen, in Formen oder auf Backbrettern. In der geräumigen Backstube, plötzlich umhüllt von wohliger Wärme und unaussprechlichen Wohlgerüchen, fanden wir alle auf Stühlen, Bänken und auf den warmen Treppenstufen des Backofens Platz. Aus bauchigen Kannen goss uns die ältere, dunkelhaarige Bäckersfrau, die mit ihrer blütenweißen, steifgestärkten Schürze auch im Bäckersladen immer besonders hübsch und appetitlich aussah, dampfenden, süßen Kakao in große „Dippel"; dazu standen Teller hoch aufgeschichtet mit frisch gebackenem Zwieback für uns bereit. Ein Hochgenuss! Es dauerte nicht lange, und unsere blaugefrorenen Gesichter waren glühend heiß und rot. Warm, satt und glücklich sangen wir noch ein Lied zum Abschied.

Johanna Wagner

Der Schachtelmann

Am Fuße des Obererzgebirges liegt in einem freundlichen Tale die kleine Stadt Stollberg. Von Chemnitz aus ist sie in wenigen Stunden zu erreichen; wer schlecht zu Fuße ist, kann mit der Post hinfahren oder auch mit der Eisenbahn. Letzteres aber nur, wenn er viel Zeit hat, denn die Bahn macht einen großen Umweg und die Lokomotive hat keine Eile. Sie muss an vielen Stationen halten, und überall fragt man, was es in Chemnitz Neues gibt, denn Chemnitz ist von der größten Wichtigkeit für die ganze Gegend. Ja, Chemnitz ist eine große und bedeutende Stadt, und wer, wie der Erzähler, in Chemnitz wohnt, kann sich darauf etwas zugutetun. Indes, die kleinen Städte in der Nähe von Chemnitz sind doch auch nicht zu verachten; es sind meist freundliche, nette Städtchen, und eins haben sie vor Chemnitz fast alle voraus, dass sie nämlich immer, und nicht bloß zu Zeiten, recht „gemütlich" sind. Die „Gemütlichkeit" aber, das ist die Hauptsache im Erzgebirge, und wo es nicht gemütlich zugeht, da mag ein echter Erzgebirger nicht sein.

Bei dieser Gemütlichkeit gewinnen alle, vornehmlich aber die Kinder. Der Ernst des Lebens tritt entweder später an sie heran oder sie überwinden ihn doch leichter. Und weil ihre Bedürfnisse geringer sind als anderswo, so sind sie eher zufriedenzustellen und kommen umso leichter zu einer wirklichen Freude. Was es heißt, „sich freuen wie ein Kind auf Weihnachten", das kann man im Erzgebirge lernen. Wer vieles sich wünscht, ist schwer zufriedenzustellen, und wer vieles erwartet, sieht sich leicht enttäuscht. Die Kinder, die in den Schauläden der großen Städte tausenderlei Gegenstände in Glanz und Schimmer und die kostbarsten Spielsachen täglich vor Augen sehen, sind immer schwer zu befriedigen. Wem ein Christbaum und brennende Lichter, ein paar Äpfel und Nüsse und als Spielzeug etwa ein roh geschnitztes Pferd und eine hölzerne Puppe zur Weihnacht genügt, dem kann die Freude kaum entgehen. Bei allem in der Welt kommt es auf die Auffassung an, und die Bedeutung einer Gabe liegt nicht in ihrem Wert an sich, sondern in der Schätzung des Empfängers. Beim Spielzeug vollends brauchen die Kinder auf die Vollkommenheit des Geschenkes nicht zu sehen, weil sie in ihrer Einbildungskraft ein Mittel besitzen, das im Nu auch dem Geringsten Vollkommenheit verleiht, die hölzerne Puppe z. B. in eine Prinzessin Wunderschön umwandelt usw. Die Einbildungskraft gleicht dem Stabe, mit welchem Aaron aus dürrem Felsen Wasser schlug. Vielmehr: Die verhältnismäßig vollkommsten der Spielsachen erfüllen ihren Zweck, den Spieltrieb zu befriedigen, oft am wenigsten, wenn sie nämlich der Einbildungskraft des Kindes, sich zu betätigen, keinen oder doch zu wenig Spielraum lassen. Wie kommt es sonst, dass dein Knabe das feine Wägelchen mit den angeschirrten Pferden beiseite wirft und mit einem kleinen Brett, an das er sich selbst mit einem Stricke spannt, wiehernd und stampfend im Garten herumgaloppiert? Trotzdem reizen die kostbaren Gegenstände, die zur Weihnachtszeit unsere Spielwarenhandlungen den bewundernden Augen unserer Kleinen zeigen. Wer sie einmal geschaut, wird unwillkürlich nach ihnen verlangen und nicht nach dem mehr als einfachen, ja plumpen Spielzeug, welches uns in unserer Jugend der „Schachtelmann" bot.

Der Schachtelmann? O wie wunderbar klingt mir das Wort jetzt in den Ohren, wenn ich es in Erinnerung an eine Zeit, die nun schon über 40 Jahre hinter mir liegt, wieder ausspreche. Der Schachtelmann war in der kleinen Stadt, von der ich heute den Leser unterhalten will, der einzige Spielwarenhändler, lange Zeit wenigstens, bis auch in Stollberg die höhere Bildung einzog. Er war auch nicht immer, nicht das ganze Jahr mit seinem Kram zur Hand, er hatte überhaupt sein Standquartier nicht im Orte und unterhielt keinen Laden daselbst. Er war ein Zugvogel, aber ein solcher von besonderer Art. Nicht im Frühling kam er, wenn wärmere Lüfte zu wehen beginnen, sondern im Winter.

Vierzehn Tage vor Weihnachten, wenn wir in der Schule die schönen Mettenlieder einübten, wenn die Mütter an-

41

fingen, ihre Barschaft zu überzählen, „ob's zum Stollenbacken langt", kurz wenn es uns weihnachtlich zu Mute wurde, dann kam der Schachtelmann. Was Schiller vom Mädchen in der Fremde sagt „Sie war nicht in dem Tal geboren, man wusste nicht woher sie kam", das galt auch von ihm. Genug, wenn seine Zeit gekommen war, dann war er da, und beim „Waner Karl" am Rossmarkt in einer offenen Hausflur baute er sein Zelt auf. Das heißt: ein Zelt war's eigentlich nicht, sondern eine Art Tisch aus rohen Brettern, die über ein Paar Böcke gelegt waren. Darauf baute er seine Herrlichkeiten auf. Die ganze Welt in Holz geschnitzt, mit bunten Farben bemalt; in hölzernen Schachteln Schafe mit ihren Schäfern, Bauernhöfe mit ihrem ganzen Inhalt an Kühen, Schweinen und Federvieh, dazu den Wald mit allem seinem Getier an Hirschen, Rehen, Füchsen u.s.w., und eine unendliche Menge von Soldaten zu Fuß und zu Ross mit Flinten und Säbeln, Trommeln und Trompeten gab es da. Dann standen da Engel in weißen Kleidern mit goldenen Flügeln und Bergleute in ihrem Paradeanzug mit grünen Hüten auf dem Kopf, auch Räuchermännchen und Nussknacker und Pflaumentoffel die schwere Menge. Das war die Welt in allem, was darauf „kreucht und fleucht". Unterm Tisch aber, also gleichsam in der Unterwelt, standen auf dem Pflaster der Flur große und kleine Wagen mit und ohne die dazugehörigen Pferde, und große Kasten mit allerlei geringwertigem Spielzeug, Ziehaffen und Pfeifen und eine ungeheuere Menge von kleinem Getier in allen möglichen und unmöglichen Farben, blaue Schweine und rote Löwen, gelbe Schafe und grüne Tauben, wunderschön und fabelhaft billig, nur einen Pfennig das Stück. Über dem Tische aber, in den Lüften, schwebten an Latten aufgehängt, Kinderflinten und Kindersäbel und sonstige Mordwaffen, und mitten darunter Engel mit Tüllen in den Händen zum Aufstecken von Lichtern. Die Letzteren schwebten, über allem hoch von der Decke herab, verkündigten Friede auf Erden und machten allem Kriegsgetümmel ein Ende. Das und viel mehr noch fand man beim Schachtelmann. War's ein Wunder, dass, wenn sich das Gerücht von seiner Ankunft in der Stadt verbreitet hatte, sich der Kinder die größte Aufregung bemächtigte und alles eilte, ihn zu sehen?

Der Rossmarkt liegt unterhalb des Hauptmarktes, nur durch einen schmalen Gang, den „Kärft", davon getrennt. Der Kärft ist in der ganzen Welt nur einmal, nämlich in Stollberg, zu finden, vielleicht auch dort nicht mehr. Man verstand darunter den schmalen Weg, der vom Markt aus, am „Glockenhäusel" und dem Portal der Hauptkirche vorüber, unter einem gemauerten und mit einem kleinen Häuschen übersetzten Torweg hindurch zum Rossmarkt führte. Das Glockenhäusel ist verschwunden, seit die Kirche, die vorher nur mit einem elenden Dachreiter sich begnügen musste, vor etwa zehn Jahren ihren schönen Glockenturm erhalten hat. Seitdem erschallt das herrliche Geläute hoch aus den Lüften und nicht mehr tief unten vom Boden her aus dem hölzeren Häuschen, in dem ich in meiner Jugend selbst noch gelegentlich als Glöckner gewaltet.

Der Torbau, der ehedem offenbar den Kirchbau abschloss, als derselbe noch unmittelbar der Kirche vorlag, ist schon viel früher gefallen, schon vor mehr als 40 Jahren. Schön war er nicht, aber merkwürdig. Unter seinem Bogen verkaufte eine Hökerin im Sommer die ersten Kirschen und je zu ihrer Zeit Pöklinge und die schwellende sauere Gurke. Und das wussten wir Kinder zu schätzen. Über dem Tor befand sich ein hölzener Aufbau, vielleicht gar ein bewohnter Raum, zu welchem von außen her eine steile Treppe emporführte. Ganz klar lebt die Vorstellung vom Kärft nicht mehr in meiner Erinnerung. Als Kind eilte ich, möglichst rasch hindurch zu kommen, wenn ich mit den paar Dreiern, die ich der guten Mutter abgeschmeichelt, dem Schachtelmann meinen Besuch machen wollte, und jetzt erregt eigentlich nur der Name noch meine Teilnahme. Ich denke, dass das im Übrigen ziemlich dunkle Wort „Kärft" aus dem ursprünglichen „Kirchfahrt" verderbt sein wird.

Der Waner Karl wohnte an der rechten Seite des Rossmarktes. Er hieß eigentlich nicht Waner, sondern Müller.

Ich weiß dies ganz genau, denn ich war mit ihm verwandt, verwandt nach erzgebirgischer Vorstellung. Meine Mutter hatte nämlich bei einem seiner Kinder Gevatter gestanden. Warum man nun dem Müller seinen ehrlichen Vatersnamen vorenthielt und ihn Waner nannte, ist nicht leicht zu sagen. Wahrscheinlich hatte sein Vater oder Großvater das Handwerk eines Wagners (Waner = Wagner) erlernt und betrieben und hieß nun im Orte der Waner schlechthin, sein Sohn also der Waner Karl. Ähnliche Namengebungen kommen im Gebirge heute noch tausendfach vor, den wirklichen Namen kennt man oft kaum.

Der Waner Karl zu meiner Zeit war aber kein Wagner mehr, sondern betrieb eine Schankwirtschaft, mit welcher Ausspannung verbunden war. Aus der Schankwirtschaft ist jetzt eine vornehme „Restauration" oder gar ein „Hotel" geworden, das „Deutsche Haus" genannt. Und in der Flur dieses Hauses stand nun der Schachtelmann.

Der Schachtelmann war klein und unansehnlich. Er machte immer ein ziemlich grimmiges Gesicht und trippelte immer hin und her. Wahrscheinlich fror er an die Füße, ich dachte aber damals, das gehöre so zum Schachtelmann. Der Schachtelmann hatte nur ein Auge. Als Kind soll er einmal beim Essen unartig gewesen und vom Stuhl gefallen sein. Dabei fiel er in die Gabel. Das wurde uns zur Warnung erzählt und ließ uns den Mann natürlich noch viel merkwürdiger erscheinen. Er rauchte eine Pfeife und glich dann ganz seinen Räuchermännchen, die innen hohl waren, um ein Räucherkerzchen in ihrem Schoße aufnehmen zu können, dessen Rauch dann in feinen Wölkchen aus dem breiten offenen Munde hervorströmte. Wenn wir Kinder nachmittags an seinen Stand kamen, ließ er uns wohl erst eine Weile seine Waren ruhig besehen, denn er war klug und wusste, dass, wie der große Weltweise Plato sagt, vom Sehen das Lieben und in weiterer Folge auch das Kaufen kommt. Mit der Zeit aber ward er ungeduldig und fragte mit knarrender Stimme: „Habt ihr Geld?" Wohl dem, der dann seine paar Dreier hervorziehen und einen kleinen Erwerb machen konnte, denn sonst ward der

Schachtelmann zum rächenden Cherub, der sie alle zum Tor und damit aus dem Paradies hinaustrieb, noch ehe sie den Anblick der verbotenen Frucht recht hatten genießen können. Die besten Geschäfte machte der Schachtelmann abends. Dann kamen die Eltern, überhaupt aber die Erwachsenen und kauften ein. Mehr als einmal ward der Vorrat, den er mitgebracht, alle und musste ergänzt oder erneuert werden. Abends brannte eine alte Stalllaterne auf seinem Verkaufsstand und die Hausflur, in welcher sich die Kunden drängten, blieb dunkel. Aber daran nahm kein Mensch Anstoß; man wusste es eben nicht besser.

Später ist es freilich auch in Stollberg anders geworden. Schon zu meiner Zeit erhielt der Schachtelmann einen Konkurrenten, der mit reicheren Mitteln arbeitete. Da tat sich der „niedere Kircheis" oder Kircheis Louis auf, der in der Niederstadt wohnte und eigentlich wie der „obere Kircheis", der sein Vater war, mit Kolonialwaren, dann aber auch mit Glas- und Steingutwaren handelte. Da war's nun schon feiner, da gab's einen richtigen Laden mit Schaufenstern und statt der gewöhnlichen hölzernen Spielwaren feinere Puppen mit Porzellanköpfen und sogar Spielsachen aus Papiermachee, was damals etwas ganz Neues war. Aber auch der „niedere Kircheis" verkaufte doch nur zu Weihnachten Spielsachen, wer außer der Zeit etwas brauchte, der musste den Jahrmarkt abwarten oder nach Chemnitz reisen, wo „unter den Lauben" das Geschäft schon vor 40 Jahren blühte und der Schachtelmann eine stehende Erscheinung war. Dort habe ich den Schachtelmann, aber als Schachtelfrau, schon vor 40 Jahren gesehen, und dort hat er sich bis auf den heutigen Tag erhalten zur Freude unserer Kinder, und zur Freude auch der Alten, die sich noch gerne an ihre Kinderjahre und so auch an den Schachtelmann erinnern. Vivat crescat floreat!

Friedrich Straumer

Drei Kinner

Schneeflocken sachte fall'n vun Weihnachtshimmel ro,
De Kinner gubeln, lachen – –, der heil'ge Ohmd is do! – –
Dos nimmt mit hamm a Baamel un allerhand zum Spiel,
Un geens a Mannel[1] Püpple – –, der Kinner sei 're viel!
Dort, off'n Weihnachtsmark, do stieht a Gungel klaa
Un ka sich gar net trenne, 's gibt gar su viel ze saah – –
Un in de Aang do sticht'n a Fahn schie weiß un grü – –
„Ich möcht su garn dos Faahnel! – – Ich renn zum Vater
hie!"

Un gar net weit derva do tritt a Maadel gleich,
Die möcht am liebsten kaafen dos ganze Weihnachtszeig!
Un's kimmt su racht vun Harzen, wie's sieht en
Puppenwoong:
„Dos Waagel wär mir 's liebste! – – Ich wills der Mutter
soong!"

Dort wu e Glackel[2] is, gukt noch a Maadel nei,
– De Püpple glänzen drinne heit gar su bunt und fei! –
Su dünn is 's alte Gackel, sei Röckel nimmer ganz – –,
Wu faahlt de gute Mutter, – – do is kaa Weihnachtsglanz!
Su ganz verlooßen is's. 's gukt nei ins gold'ge Licht,
Un Wasserparle schimmern in blassen klenn Gesicht. – –
„Wuhie söll ich mich wenden? – – Wie tut's do hinne weh – –
Ich waß nischt meh vun Vater – – un hob kaa Mutter meh!"

1 Mandel (= 15 bzw. 16 Stück)   Curt Rambach
2 Gelage, Auslage

Im Weihnacht'n rim

Wänn de Weihnachtszeit kimmt, do is gerode, als wänn's off d'r Walt nischt wie Freid geb. Un v'r all'n Dinge sei's de Kinn'r, die nett genug schwärme kenne von Weihnacht'n.

Do gibts halt ah allemohl gar sette schiene Sachen ze sah. Un wänn's när de Schaufanst'r wärn! Do kännt'n se Stund'nlang d'rvir stieh bleim un v'rges'n d'rbei 's Ass'n un alles.

Un arscht, wänn d'r Weihnachtsmark lus gieht! „Mutt'r, well m'r när heit ohmst emol de Schaufenst'r ahsa", haßt's do en ganz'n Tog bei dann Kinn'rn.

Esu battlet ah 's achtjährige Büttn'r Lies'l bei ihrer Mutt'r toglang, bis ses endlich d'rreicht hat, dass de Mutt'r mit gieng. 's Lies'l wur nett fartig mit Staune.

Am best'n gefiel 'r 's Schaufanst'r mit Pupp'n un Spielzeig. Wänn's haus'n schüh esu harrlich azesah war, wie musst's do arscht drinne sei!

„Mutt'r", saht's Lies'l, „well'n m'r när ah emol nei gieh." „Dumm's Mad'l, mir hohm kah Gald", gob 'r de Mutt'r z'r Antwort, de wäßt dach, dass iech alles zamm spar'n muss, zun' Stoll'nback'n un wänn m'r nei gieht, muss m'r ah wos kaf'n."

Ob'r ihr Lies'l battlet wett'r. Endlich saht de Mutt'r: „Nu do muss ich ahm zwä billige Kaffeetass'n kaf'n, die ka iech noch gebrauch'n un die kost'n dach nett viel."

Nu ginne se nei un de Mutt'r kaft zwä Tass'n von d'r all'rbilligst'n Sorte. 's Lies'l ob'r sogt in ahn'r Tur: Oh! Oh!

Ne ann'rn Tog muss se aufwasch'n un do setzt'r de Mutt'r ah di zwä nei Tass'n miet ins Aufwaschfäss'l; se hot nochrt bei d'r Wäsch ze tuh un gieht wied'r naus.

Do rufft afamohl an off'ne Fanst'r 's Nachb'rmad'l ganz uhv'rhofft un ah noch racht laut: „Haste däh dei Schularbett schüh gemacht?" 's Lies'l, die ganz v'rtieft an an'r sett'n neie Tass' rim wischt un de Gedank'n d'rbei ah miet bei donn schinn Sach'n an Schaufanst'n hot, d'rschrickt un lässt de Tass' ins Aufwaschfäss'l fall'n.

Wie ob'r drschrickt se arscht, als se sieht, dass nett när die ahne Tass' ihrn Henk'l v'rlor'n hoht, nah, 's is nett ze gelahm, de Tass' is esu dumm ins Fäss'l gefall'n, dass se bann Aufschlong ah noch ne Henkl vun d'r ann'rn Tass' waggeschlong hat.

's Lies'l ward fei'rrut in Gesicht; wos ward do de Mutt'r song! Ob'r itze kimmt 'r e Eifall un do ward wuhl de Strof nett esu hart warn; ihr Gesicht ward wieder ruhig un wie de Mutt'r nei kimmt, spricht se: „Na, sieste Mutt'r, dos haste d'rvu, dass de allemal 's all'rbilligste kaft; an dann zwä Kaffeetass'n war'n de Henk'ln när na geklebbt; die warn aus Mahl gemacht un in Wass'r sei se lus gewagt."

De Mutt'r hätt ja müss'n ball lach'n, obr ganz une Strof gieng's nett oh. –

's Liesl war üb'rhaupt e trollig Mad'l; als se 's arschte Jahr in d'r Schul gieng, d'rzehlet emol d'r Lährer vir Weihnacht'n von d'r Geburt des Jesuskind'ls un do freget 'r die klänn Madln, wos wuhl de Hirt'n gemacht wirn hohm, wie se mit ihr'n Hard'n naus offs Fald komme wärn:

Dos ahne socht: „Se war'n sich hiegesetzt hohm"; dos ann're: „Se war'n mit en ann'r geredt hohm"; do hebbt 's Lies'l geschwind de Hand; d'r Lährer spricht freundlich: „Nun, kleines Lies'l, was willst du sagen?" Do kimmt die trollige Antwort: „Se war'n Schkat gespielt hohm!" (Ihr Vat'r spielet fast jed'n Ohmd Schkat.)

Laura Herberger

Schulmette um 1860

Die Volksschulen schließen den Unterricht vor dem Feste mit der sogenannten „letzten Schule", auch „Schulmette" genannt. Dieselbe wird entweder Abends gegen 5 oder früh um 6 Uhr unter Teilnahme der Eltern, anderer Verwandten und Angehörigen der Kinder gehalten. Jedes Kind bringt ein Licht mit, das es brennend vor sich auf die

Tafel stellt. Es werden kindliche Weihnachtslieder gesungen, der Lehrer hält eine Ansprache oder bezügliche Katechisation und die Schüler oder Schülerinnen deklamieren geeignete Gedichte. Dem Lehrer wird entweder dabei oder nachher seitens der Kinder entweder durch eine gemeinsame Gabe oder durch Einzelgeschenke beschert.

Moritz Spieß

Lange Nacht

Im Gohr emol, vorn heilgen Obnd,
Wor immer lange Nacht,
Do hobn mir ubn in Arzgeberg
Fei unser Ding gemacht,
De lange Nacht on heil'ge Obnd
War alten Brauche nooch
In Arzgeberg bei alt on gung
De schennsten Feiertog,
's Flachtbratel wor do Nabnsach,
's wur merschtenteels gelacht,
Wenn aner uff der Ufenbank
De greßte Lüg gemacht.
Mer schub erscht fei paar Sechser zam
Zu en richtgen Brantewei
On wenns a noch su armlich wor
Ä Brandy war derbei.
Do kriegt mer eene Buddel vull,
Die wor war weeß wie gruß,
Mer kriegt heit vor dessalbe Gald
Ä Vertelseidel bluß.
De Mutter sogt: „Ihr Hutzenleit,
Tutt ä Weihnachtsliedel sing,
Mit'n Kaffee is noch nett su weit,
Des lässt sich ni erzwing.

Noch zwölfen, do ging's bügelhuch
Do wursch erscht richtig schie,
Do wur getanzt on Spiel gemacht
Bis 'n heilgen Obnd früh,
On aner wur ganz schwarz geschmiert
Als heilger Nikolaus,
On wenn's gerod an schennsten war
Ging 's Ardöllampel aus.
Wenn's in der Stub schie finster war,
War alles schu gefasst,
Des hoot dan schwarzen Nikolaus
Gerode su gepasst.
A gedes hoter abgedruckt
Kee Wort derbei verlorn,
Wenn 's Lampel wieder brenne tat,
Warn alle wie de Moorn.
A gedes hoter vullgeschmiert,
Dar alte Pinsel dar,
Der Grußvoter hintern Ufen drim
Hot a mit schwarz gesah,
Do gobs ka Streit, ka Übelnahm,
's war doch de greßte Freid,
Sankt Nikolaus zor langen Nacht
Vor alle Hutzenleit.

Max Nacke

Geschwind, steck's klaane Hackl ei!
's werd nu de hächste Zeit,
Doss wir uns hul'n Christbaam rei, –
Mr ginne gar net weit.

Grenzaufseher Kleinhempel

„Bringt in Gang die Pyramide ..."

Von der erzgebirgischen Figurenwelt

Weihnachten im alten Erzgebirge. Die Festzeit war verbunden mit einem faszinierenden Figurenkosmos, wie ihn keine andere deutsche Landschaft aufzuweisen hatte und wie er noch heute einzigartig ist.

Am bekanntesten ist wohl die Pyramide, der wärmegetriebene Laufleuchter mit der Christgeburt, mit Bergparaden, mit Jagden und mit Waldleuten, Stockwerk für Stockwerk liebevoll aufgebaut. „Welch wunderbare Kleinwelt", sagen Besucher staunend, und das betrifft auch die Bergmanns- und Lichterengel, die Nussknacker und die Räuchermännchen in ihrer Vielfalt, die Weihnachtskrippen, den Weihnachtsbaumschmuck, vor allem aber die Weihnachtsberge, wie sie heute vor allem in den erzgebirgischen Heimatmuseen zu bewundern sind. Da gibt es „stille" bzw. „starre" und da gibt es „lebendige" Berge mit bewegten Figuren, die zumeist das Geburtsgeschehen in heimatlicher oder in orientalischer Umgebung oder in einer bergmännischen Szenerie darstellen, bis hin zu wirklichkeitsgetreuen Bergwerksmodellen.

Im alten Erzgebirge zunächst in schmiedeeiserner Form in der Gegend von Johanngeorgenstadt, Schwarzenberg und Aue anzutreffen, heute, von Seiffen ausgehend, auch in hölzerner Form in unendlich vielen Varianten verbreitet, ist der Schwibbogen ein weiteres, ausschließlich im Erzgebirge geschaffenes „Format" in der weihnachtlichen Figurenwelt. Ebenso typisch ist die Arche Noah, im 19. und frühen 20. Jahrhundert ein weltweit verbreiteter Exportartikel, Kinderspielzeug und biblisches Symbol in einem.

Nicht zu vergessen die unzähligen Formen, in denen der Weihnachtsleuchter auftritt, der auf eine einfache, manchmal verzierte dicke Weihnachtskerze zurückgeht! Und schließlich die Engelscharen, zu deren Verbreitung die Grünhainichener Firma Wendt & Kühn den Anstoß gab.

In einem bunten, unüberschaubaren Zug bewegt sich dieser Figurenkosmos auf Weihnachten zu, bis es am Heiligabend endlich heißt: „Bringt in Gang die Pyramide, bei den Nachbarn läuft sie schon."

E. H.

Bringt in Gang die Pyramide

Bringt in Gang die Pyramide,
bei den Nachbarn läuft sie schon.
Zu dem Heiligabendliede,
Karl, gib an den ersten Ton.
Singt, dass Leben kommt ins Haus,
und lasst ja kein Versel aus!

Räuchermännel her und Dillen!
Zündet an die bunte Schar!
Wenn sie sich in Wolken hüllen,
o, wie riecht das wunderbar!
Lies, am „Berg" das Licht steht schief;
's tropft auf deinen Klöppelbrief!

Zündet an den Hängeleuchter,
der von gold'nen Perlen blitzt,
bis herab zum Tische reicht er,
dran schon unser Fritzel sitzt.
Mandelstoll'n und Neunerlei!
Fritzel ist sogleich dabei.

Stellt die Steiger mit der Blende
fensterlang in Reih und Glied;
gebt den Engeln in die Hände
Lichter ohne Unterschied!
Feierlich aus jedem Haus
fällt ein blanker Schein heraus.

Kurt Arnold Findeisen

Volkskunst und volkstümliche Spiele
im Erzgebirge

Früher waren die meisten Männer im Erzgebirge Bergleute. Sie stiegen auf Leitern in die Tiefe und durchwühlten das Innere der Erde nach Silber und anderen edlen Metallen. Wenn sie wohlbehalten wieder ans Tageslicht kamen, freuten sie sich der Helligkeit und lobten die Sonne.

Saßen sie nun daheim, ehe die neue Schicht sie wieder in die Tiefe rief, so schnitzten sie gern mit ihren Schachtmessern allerlei nützliches Gerät für ihre kleine Wirtschaft: Löffel, Quirle, Näpfe und dergleichen. Aus weichem Holze schnitzten sie das, aus Fichten-, Tannen-, Lindenholz, wie es ihnen der Wald zum Fenster hereinreichte. Mit der Zeit wurden ihre Hände so geschickt dabei, dass sie sich auch an schwierigere Dinge wagen konnten; so machten sie bald Bäumchen, Häuserchen, kleine Tiere und kleine Menschen.

Eine besondere Freude hatten sie schließlich daran, die Bethlehemgeschichte mit dem Schnitzmesser nachzubilden. So entstanden Hunderte von kleinen Schafen und Hirten, denen Engel die frohe Botschaft brachten, so entstanden Krippen mit Maria und Joseph, Ochs und Eslein daneben, so kamen die drei Könige aus dem Morgenland, das Christkind anzubeten, und Hirsch und Rehbock sprangen an seinem Traum vorbei. Vor allem aber vergaßen die Schnitzer sich selber nicht: Sie schnitzelten Bergleute in allen Größen und Formen und gaben ihnen den Beruf, Weihnachten zu beleuchten in Glanz und Herrlichkeit. Mit großen stolzen, flügelspreizenden Engeln durften die Bergleute diese Ehre teilen. Und so stehen noch heute in jedem erzgebirgischen Hause von Advent bis Hohneujahr hölzerne Bergknappen und hölzerne Engel, die in ausgestreckten Händen Kerzen tragen.

Da nun den alten Schnitzmeistern natürlich ihre Buben und Mädel zappelnd auf die Finger guckten, fielen auch für die Kinder bald allerlei bunte Wunder ab: Holzsoldaten, Bürger- und Bauernvolk, Peitschen und Pfeifen und Nussknacker und Räucherkerzchenmänner. Viele der alten Schnitzmeister hatten nämlich nebenbei auch drechseln gelernt. Und besonders die Räucherkerzchenmänner wurden immer lustiger, zu eigenartigen, heimatstolzen kleinen Kunstwerken wurden sie. Winzige Männlein mit ausgehöhlten Bäuchen, wohinein die brennenden Räucherkerzchen gestellt wurden. Wenn man nun nicht vergaß, die Räucherkerzchen in ihren Bäuchen anzuzünden, rauchten die kleinen Männer wunderbar aus ihren offenen Mäulchen heraus. Nun natürlich, sie rauchten eben wie alle Männer ringsum in Stadt und Dorf, drum gab man ihnen zum Überfluss die landläufige Tabakspfeife ins gekrümmte Pfötchen! Und so sind sie heute ebenfalls nicht mehr wegzudenken aus der urwüchsigen Schar der erzgebirgischen Weihnachtsgestalten: Förster und Holzknechte, Fleischer und Briefträger, Fuhrleute, Soldaten und Essenkehrer, Rastelbinder und Türken. Die Rastelbinder waren struppige Hausierer aus der Slowakei, die allerlei Blechkram zum Kaufe boten, vornehmlich Mausefallen aus Draht; die Türken schienen verwandt mit den drei Königen, die der Stern zum Kindlein im Stalle wies.

Schließlich kam es so, dass manche schnitzelnden Bergknappen überhaupt nicht mehr zurück zur finsteren Zeche gingen. Die Bästelei mit dem lustigen Zaubermesser, das Hantieren mit Leim- und Farbentopf hatte es ihnen angetan; sie wurden Spielwarenmacher.

Ganze Gegenden des Gebirges, besonders um die Orte Olbernhau, Seiffen und Grünhainichen herum, leben heute noch von dieser vielfältigen Hausindustrie, und ganze Familien, vom Großvater bis zu Sieben- und Achtjährigen herunter, teilen sich in die Arbeit.

Das alles aber kam immer wieder dem Christfest zugute. Nicht nur, dass Reiche und Arme der ganzen Welt ihren Weihnachtstisch mit diesen treuherzigen hölzernen Dingen schmücken konnten, vor allem das heimatliche Christfest ward reich und farbenprächtig durch sie. Holzleuchter mit spinnenartigen Armen, die von der niederen Decke hingen, wurden besetzt mit bunten Gestalten.

Ganze Berge aus Baumwurzeln und Moos wurden errichtet im Winkel der Stube, zierliche Nachbildungen der Höhen von Jerusalem und Bethlehem: Lämmer weideten an ihrem Hange, in einer ihrer Höhlen ward Jesus Christus geboren. Wunderbare Türme aus Holz dachten sich die volkstümlichen Künstler aus, Türme, die mitten eine senkrechte drehbare Achse hatten, an der in zwei, drei Stockwerken runde Scheiben befestigt waren, oben ein Flügelrad. Wenn nun die Kerzen angezündet wurden, die wohlüberlegt ringsum an den Turmkanten saßen, so stieg von ihnen warme Luft empor an das Flügelrad; das begann sich gemächlich zu drehen, und mit ihm drehte sich die Achse, drehten sich die Scheiben in den Stockwerken, sowie alles, was auf den Scheiben saß: unten vielleicht Maria und Joseph, die vor Herodes und seinen Soldaten ausrissen; nie und nimmer holten die Mordgesellen die armen Flüchtlinge ein. Darüber zogen Bergknappen zur Parade. Im zweiten Stockwerk tobte eine Jagd im Kreis, und allerliebst war's anzusehen, wie sich Hirsche, Rehe, Füchse und Hasen vor Karl Stülpner, dem kühnen Raubschützen, aus dem Staube machten. Ganz oben drehten sich Hirt und Hund und Schäferei. Diese Drehtürme nannten sie Pyramiden. Wenn nun ein solches Wunderding mit leisem Knistergang und mit wuselnden Schatten an der Decke die Weihnachtsstube füllte, wenn Bergmann und Engel mit strahlenden Lichtern am Fenster standen und den Räuchermännern die Festfreude aus den Mäulchen qualmte, dann war die große Stunde der Erzgebirger gekommen. Dann sangen sie ihr zehn-, zwanzigversiges Heiligabendlied, dann warfen sie Pantoffeln gegen die Tür und gossen Blei, dann strichen sie sich die Magengegend, schnalzten mit der Zunge und setzten sich umständlich zu Tisch. Heute gab's nicht bloß Quark und Kartoffeln, wie so manchen Tag im Jahre; nein, heute hatte die Hausfrau neunerlei Gerichte zusammengestellt: Schweinsknochen und Klöße, Hirse und Erbsbrei, Wurst und Sauerkraut, was weiß ich alles. Dazu hatte sie Stollen gebacken, Rosinen und Mandeln darin, Stollen, die die Form eines Wickelkinds, eines „Bornkinnels", zeigten, und Pfefferkuchenmänner und -frauen obendrein.

Bis in die zweite Hälfte des vergangenen Jahrhunderts gab es im Erzgebirge auch zwei Arten von volkstümlichen Spielen um die Weihnachtszeit. Den Gesellschaften, die sich zu ihrer Darstellung gebildet hatten, waren die Namen entnommen: die „Engelschar" und die „Königschar". Die Mitglieder beider Gesellschaften waren Leute aus dem Volke, Berghäuer, Holzschnitzer, Handwerker, Waldarbeiter.

Der Spieler, der heute als prächtiger Herodes schritt, im dreieckigen Hut und pelzverbrämten Rock, den Schleppsäbel an der Seite, verklopfte morgen als biederer Schuster die Schuhe und Stiefel seiner Zuhörer. Die Spielerin (wenn die Rolle nicht von einem jungen Burschen durchgeführt wurde), die heute des Christkinds Mutter war, saß morgen und alle Tage bei der kleinen Ölfunzel hinterm Klöppelsack. Die Hirten redeten in der unverfälschten, breitgedehnten Mundart der Heimat. Dem Engel Gabriel konnte es zustoßen, dass er aus würdevollem Hochdeutsch unvermittelt in die Dorfsprache verfiel.

Und neben diesem unfreiwilligen Humor lief viel absichtliche treuherzige Lustigkeit einher. Der eine Hirt, der das Christkind beschenkte, sprach:

Ach, mein herzliebes Christkindlein,
wenn ich nur was bei mir hätt',
das ich dir verehren tät!
Einen schönen Apfel schenk ich dir,
das ew'ge Leben schenkst du mir.

Ein zweiter Hirt wusste sich noch verschmitzter zu helfen:

Ach, mein herzliebes Christkindlein,
wenn ich nur was bei mir hätt',
das ich dir verehren tät!
Ich hab weiter nischt wie e hart Rindel Brot,
hab's länger als vier Wochen in mein' Sack gehot [gehabt]
(Zu Joseph:) Da, Alter, iss du's!

Durchaus zum Spaßmachen aber waren die Ruprechte da, die in vielen Spielen im Gefolge des Heiligen Christ liefen, oft unheimlich verputzt und vermummt, mit Schlittenschellen behängt, ein großer und ein kleiner.

Der große Ruprecht polterte los:

Hopp, hopp, Gotts Perlemann, Gotts Schwefel und Pech!
Gleichwie sich Mausdreck untern Pfeffer mischt,
so bin ich aa untern Heiling Christ.
Ich tat emal vorübergieh,

da hört ich e weiß Wunder hie,
das Geschrei war in dem Haus so sehr,
als wenn de Stub voll klaner, klaner Kinner, Kinner wär!

Alsbald wurde er von der tölpelhaften Ungeduld seines kleineren Genossen unterbrochen, der allerhand Kreuzdummes hervorstotter:
Ei, so muss ich mei Maul aa drinne habn,
sonst fressn mein' Ranzen de Grilln un de Schwabn.
Heut ist gewasen ene kalte Nacht,
kälter hätt ich's net gedacht,
ich kunnt vor Kält' bald nimmer stieh,
ich musste e bissel of'm Feld rümgieh.

Sofort aber verbat sich der große Ruprecht die Einmengung des Kleinen aufs Entschiedenste und fuhr grobes Geschütz auf:
Du klaner Schnipper, musst du aa drei quatschen?
Ich pack dich glei mit meinen Tatschen!

Und so fort, bis der Streit geschlichtet wurde.

So waren allenthalben seltsame Humore durcheinandergeflochten in diesen alten erzgebirgischen Krippenspielen, Humore, die freilich nicht wieherndes Gelächter, wohl aber behagliches Grinsen und Schmunzeln auslösten. Und so überhaupt muss die schlichte erzgebirgische Weihnachtskunst begriffen werden, die Grob und Fein durcheinandermischenden Spieler, die steifen gedrechselten Bergleute und Engel aus Holz, die vertrackten Räucherkerzchenmännerchen, Pflaumentoffel, Nussknacker und all die hundert kindlich geschnitzelten Figuren, die zu Ehren des Christkindes die „Pyramiden" und „Weihnachtsberge" beleben, nicht zuletzt die heiligen drei Könige aus dem Morgenland.

F. (vermutlich Kurt Arnold Findeisen)

De Peremett

De Tür ging auf, un vir uns stand a gruße, schiene Peremett.
Ich muss sogn: Die Gunge hatten werklich feine Arbet gemacht.

In en grußen Garten, dar racht schie mit Must ausgelegt
war, soog mer Schaafle un Herten. In der anern Eck war e
schins Schloss, do warn sugar de Fanster aus Seidenpapier,
un e Lichtel stand derhiner, 's soog werklich schie. Wieder in der anern Eck warn 'e paar Hersch, die froßen vu
en Baam, un geleich dernab'n e Hund un e Gager. Die
Herschle marketen dos oder net, die fraßen ruhig weter.
Endlich in der vierten Eck war de Kripp mit der heiling
Maria, ne Gosef un ne Christkindel un natirlich die anern
Mannle a, die zu ener richting Christgeburt gehörn.

Die Hauptsach war oder natirlich de Peremett salber.
Fünf Etaschen hatten die Gunge gebaut. De Säuln hatten se
sich fein drehe lossen, un ringsrim, allemol bei jeden Obsatz, war e Sträfen Goldpapp, a noch fein mit Bugn ge-
schnieten. De Scheiben vun jeder Etasch warn schie grü
agestrichen, un of jeder war ewos anersch ze sahe.

Ganz unten war e Gagd. Do liefen Hosen, Hersch, Reh,
Füchs, Gager un Hund – alles dorchenaner – rim. E setts Re-
vier tät ich jeden Gager gönne, do käme se zewingst of ihrn
Pacht. En Obsatz hecher warn de heiling drei Köning mit ihre
Kamel un Eseln un Schwarzen ze sahe. In der dritten Etasch
war e Schwadron blaae Reiter of klän Holzpfaarle aufmar-
schiert. Drüber war e richtiger Bargaufzug, von Öbersteiger
bis zun Hundsgung, alles wos derzugehert. Ganz drubn endlich war noch emol e Christgeburt, dar klen Scheib wagn de
Mannle net größer wie e Fingerglied. Un über der ganzen
Sach warn de grußen Peremettenflügeln gespannt, fein mit
himmelblaae Papier un Goldstarnle beklaabt.

Alles, wos racht is, e sette schiene Peremett hat ich bal noch
net gesah. När an Fahler hot se, dar bei ener Peremett racht
störn ka – se ging net imering. Se stand do un rühret sich net!

Max Wenzel

Rächerkerzeln

Wenn ich an dich denk, du alts guts gebergisch Weihnachten, do stieht's Schönste von meiner Gungd vir mer auf. Do
lechten meine Aagn, wie lauter Lichteln vu de Krippn,
Lechter, Bargleut und Terken; un mir klingts in de Ohrn
wie lauter Mettengesäng un Turmblosen. Mei Harz dreht
sich rüm un nüm, wie de Flügeln vu ener Permedd, un mir
kimmt of dr Zung e Geschmack wie lauter Butterstolln,
Pfaffernüssle un Cruttendörfer Pfafferkuchenmanner.

Un aa de Nos gieht net leer aus. Of en fein Wölkel kimmt
e Duft, dar ganz noch Weihnachten riecht, hargezugn; un
mir is schie, als müsst ich hörn, wenn dos Rächerkerzel, wu
dar Duft harkimmt, sei Papier, über en
Gelos voll Wasser, dorchgebrannt
hot, un mit e Zischerz sei Labn
beschließt.

Oder ich sah euch, ihr Terken, Postleut, Kutscher un Soldaten mit der Pfeif in der Hand;
un aus en grußn Loch in euern
Gesicht, wu anere Leut ihr –
mit Respekt ze sogn – Maul
hobn, kimmt e dicker Schwodn
Raach raus. Oder de ganze
Stub kriegt en Duft, als wenn
kläne Weihnachtsengeln durch-
geflugn wärn.

Karl, zünd e Weihrauchkerzel aa,
dass wie Weihnachten riecht.
Un stell's ner of dos Scherbl hie,
dos untern Ufen liegt!

Esu häßts net ümesist in unnern alten Heilingobnlied!

Max Wenzel

Bargma und Engel

Ich hob hier in meiner Hand
en Bargma un en Engel
aus meiner Kinnerzeit.
Dr Bargma is von mir drham,
dr Engel von de Nachbarsleit.
Könnt's eich vielleicht schu denken,
wie ich zu dan Engel komm.
Ich hob net när dann aus Holz,
hob noch en mietgenomm.
Un jedes Jahr zer Weihnachtszeit,
do fällt mir wieder ei.
Dar Bargma is fei alt gewurn,
dr Engel nimmer nei.
Su gieht de Zeit, ans kimmt, ans gieht
un of ne Fansterstock
do stieht e Bargma un e Engel
se sei in jeden Haus.
Se stieh bei uns an Fanster
un sah ins Land weit naus.

Horst Gläß

Gust, der Bergbauer

Zwei Tage vor Weihnachten war das Stüblein für jeden, der nicht hinein gehörte, gesperrt. Der Walzenstuhl kroch in den Winkel und verbarg sich hinter einem buntgeblümten Überhang. In der anderen Ecke machte sich der Tisch mit einer größeren Platte als sonst breit. In den Rand derselben wurde ein Zaun aus Säulen, Riegeln und Latten, grün und weiß bemalt, eingelassen. Hannel holte derweilen vom Boden Kisten und Kasten herunter, gefüllt mit Werken von Gusts Meisterhand. Aus Stöcken und Wurzeln wurde am Ende der Tafel ein Berg stufenweise aufgebaut. Sein Naturkleid wurde ihm aus trockenem Moose angelegt. Andere Stellen, Felsen darstellend, wurden geleimt und mit Steinchen und Sand bestreut. Hier strecken sich Fichten und Tannen, dort schlanke Zedern und wiegende Palmen. Damit die Wirkung natürlicher würde, waren die Sandscheibchen im Moose verborgen. Vorn die breite Ebene bot Raum für Garten, Wiese, Teich, Weg und Steg. „Hannel, das Spiegelglas." Einen wertlosen Scherben reichte das Mädel hin. Rundum wurde kurzes Moos gelegt und siehe da! Ein allerliebster, kleiner Teich blinkte auf, lange Bruchstücke deuteten ein Bächlein an, aus dem Kinder und Schafe tranken. „Die Büchse mit dem Geyerschen Sand." Wege entstanden. Zwischen den Wurzeln des Berges klafften Höhlen. Die eine kleidete Gust mit glashellem Quarz aus, die andere mit gelben, die dritte mit violetten Kristallen. „Aber das wird fein!" „Hannel, die Lämpchen." Versteckt wurden diese in den Grotten angebracht. Zwischen dem violetten Gestein stand die Krippe mit dem Christkind, daneben waren Maria und Joseph. Engel schauten von oben jubilierend herein, und Hirten knieten betend davor. Auf der Anhöhe gingen Hirsche und Rehe im Walde. Ohne Gewehr stand der Jäger als freundlicher Heger daneben. Die andere Hälfte nahmen Hirten und Herden ein. Über ihnen schwebte der Engel der Verkündigung.

Das Glanzstück des Weihnachtsberges war die Pyramide, Permette genannt. „Siehst du, Hannel, das ist die Menschheitsstraße zum Heiland." Alles, was auf den drei Holztellern kreiste, war darum wandernd dargestellt. Alle Lebensalter waren vertreten, die Jugend unten, das Alter oben, weil das dem Himmel, den die mit goldenen Sternen übersäten blauen Flügel andeuteten, am nächsten ist.

Bis in die sinkende Nacht des heiligen Abends hatten die beiden rührigen Menschenkinder zu tun. Zuletzt klemmte Gust noch Brettchen zwischen die Fenstergewände, klebte Lichter auf und stellte in dem einen Fenster je zwei Engel, im anderen Bergleute auf. „Fertig!" Vier Augen liefen tief befriedigt über den Wunderbau der kunstvollen Berglandschaft. In der Ofenröhre platzte wieder ein feuerroter Bratapfel, der duftete süß. „Gust, den musst nun aber du essen, du hast dich am mehrsten geplagt", schmeichelte Hannel. Die Mutter trug frischen Kartoffelkuchen und Kaffee auf. Ein selbst gezogenes Gänslein für die Feiertage prutzelte im Ofen. Neunerlei gab's nachher auch noch. „Herz, was willst du mehr!"

Früh um sechs Uhr war die Metten vorüber. Alles strömte eilig heim zur Bescherung. Welch ein Glanz, Haus für Haus! Christbäume und Leuchter, Engel und Pyramiden, Berge, Bergleute, Fensterbretter, alles ein Lichtermeer. „Heimat, dein schönstes, tiefstes Wunder ist die Weihnacht", flüsterte Gust vor sich hin, als er die Dorfstraße hinaufschritt. Was er und die Mutter sich gegenseitig schenkten, war einfach und wurde notwendig gebraucht. Die Freude war trotzdem ebenso groß wie in reichen Häusern, denn die Liebe tauschte ihre Gaben aus.

Bei einbrechender Nacht sammelten sich vor Gusts Häuslein die Kinder des Dorfes. Manch Stumpfnäselein presste sich an die Fensterscheiben, um die Herrlichkeiten des Berges vornweg zu schauen. Drinnen blitzte es jetzt auf. Ein Licht nach dem anderen gab helleren Schein. Wie alles im festlichen Glanze strahlte, huben die Kinder an zu singen: „Stille Nacht, heilige Nacht". Hannel öffnete die Tür und rief hinaus: „Kommt, denn es ist alles bereit." Das schaulustige Völkchen drängte in die Stube. „Ah!" Dies selige Leuchten in den lieben Augen, blauen, grauen, braunen und schwarzen. „Hans, dort das neue Christkind in der Krippe und Maria und Joseph." – „Karl, die Bergleute in der Grotte, wie die hacken. Was suchen die denn, Gust?" – „Silber und Gold fürs Christkind." – „Die waren doch voriges Jahr noch nicht da." – „Die sind neu." – „Warum schießt denn der Jäger den Hirsch nicht?" – „Da erschrickt das Kindlein und weint." – „Gust, du hast doch andere Männeln auf deine Permette gesetzt." – „Was sich dreht, muss laufen." – „Hm. Da sind bei uns welche falsch, die sitzen und stehen. Machst du noch mehr solche Laufmänner?" – „Ja." – „Da hol ich mir welche." – „Gust", fragte ein Zehnjähriger, „wo stecken denn die Weisen aus dem Morgenlande, die standen doch voriges Jahr hier?" – „Such' nur, die sind schon da." Rief ein Mädelchen: „Paul, hier kommen sie aus dem Felsen heraus." – „Warum sind denn die nicht mehr vorne?" – „Die kommen viel später als die Hirten." So ging das Frage- und Antwortspiel ununterbrochen. Jedes der rosenroten Plappermäulchen erhielt befriedigende Antwort. Angegriffen durfte nichts werden. Hannel wehrte ab: „Du machst sie bloß voll."

War der erste Trupp hinaus, schwirrte ein neuer Schwarm herein, der lang schon voll Sehnsucht gewartet hatte. Die Letzten stimmten zum Dank Gusts Lieblingslied an: „O, du fröhliche". Bis Hohneujahr hielt der Andrang an. Den Berg mussten Große und Kleine, auch die aus den Nachbardörfern, gesehen haben, wenn sie mit von Weihnachten reden wollten. Die alte Mutter wurde manches Mal unwillig, wenn es draußen matschte und eins mit schmutzigen Schuhen hereinwollte. Hannel hielt scharfe Wacht. „Erst die Füße auf dem Reisig abstreichen, dann herein." Gust kehrte am späten Abend noch aus; sein Stüblein war blank wie zuvor. An Arbeit war während der „inneren Nächte" nicht zu denken, es waren die großen Fest- und Feiertage des verkrüppelten Dorfkünstlers.

Am Neujahrstage war auch der aus dem Niederlande stammende Förster mit seiner Frau und seinen Kindern da,

der staunte besonders über die feine Naturbeobachtung, die in den Tiergestalten nach Ausdruck rang. „Gust, komm nur, wenn du wieder mal im Walde sammeln willst, ich werde mich freuen, wenn ich dir einen ‚Guten Morgen‘ bieten kann. Ich werde schon ein Geschick dran machen, wenn du Schnitzholz brauchst." – „Sehen Sie, Herr Förster, da hinten stecken die Steine von dazumal." – „Bist du mir noch böse?" – „I Gott bewahre: Kommen Sie nur ein andermal wieder." Von Jahr zu Jahr wurde der Platz enger, immer neue Gruppen gesellten sich dazu. Einmal hatte Gust auf Hannels Bitten einen Eisenbahnzug durch den Berg laufen lassen. Der verschwand sofort wieder. Ein kleiner Dreikäsehoch hatte das Urteil abgegeben: „Das Christkindel kann doch gar nicht schlafen, wenn die Lokomotive pfeift." Auch die Soldaten des Herodes, die Flucht nach Ägypten wurden wieder entfernt. Alles musste sich dem Grundgedanken des Friedens unterordnen, die älteste und die neueste Zeit, Morgenland und Erzgebirge. Der Engel über den Hirten wurde mit einem Uhrwerk verbunden und senkte sich alle Viertelstunden herab. In der Hand trug er ein Spruchband mit Aufschrift: Friede auf Erden.

Was Gust vormachte, ahmten geschickte Knabenhände nach. Meister und Führer aber blieb immer der Berggust.

Emil Reinhold

Da Weihnachtsbamla

Da Weihnachtsbamla funkeln hell,
Da Lächter brenne su schie;
Bergleit un Engel sei a zur Stell
Mit Lichtla blau und grie.

B. Grießbach

Schwibbogen

Heilig ist dem Bergmann jener Bogen,
der als Tor in dunklen Stollen führt,
darum hat er ihn mit Licht umzogen
wie ein Sternkreis, den die Nacht berührt.
Daß nun jeder mag dies Wunder schauen,
setzte sich der Bergmann abends hin
und beganns im kleinen nachzubauen
ganz nach seinem Eigensinn.
Heute strahlt es fromme Glut der Kerzen
über jeden, der ins Bergland kommt,
und es fühlen alle Menschenherzen
erzgebirg'schen Feierabend.

Verse und Gestaltung Fritz Thost

Der Stülpner-Karl und der Weihnachtsberg

Meine Wiege stand nicht im Bergland, doch kam ich schon als Knabe hierher und habe es immer nur auf kurze Zeit verlassen. So ward es mir Heimat und Mutterland. In diesen Tagen dachte ich oft zurück, wie ich den erzgebirgischen Weihnachtsberg das erste Mal erlebte.

Beim Nachbar Georgi war es. Da stand als schimmernder Turm mit zwölf Gokellämpchen die Pyramide, die „Permett". Und um die herum, eingeschlossen vom lichtertragenden Zaun, war voll Moos und Gestein der „Berg". Ich weiß es noch genau, wie meine Augen groß wurden vom Staunen über die zierliche bunte Welt im Kleinen. Da war die heilige Familie im Stall und auf der Flucht. Dort zogen zu Ross und zu Kamel die Könige aus dem Morgenland. Herden von wolligen Schafen grasten im Schutz von Hirten und Hunden. Engel schwebten im Kranze, und geheimnisvoll stieg und sank in der Mitte ein Engel als Bote der Verkündigung auf und ab. Auch Adam und Eva im Paradies mit Tieren von mancherlei Art gehörten hinein, wie sie auch in meiner Biblischen Geschichte waren. Die Bergleute in Parade, ja freilich, die mussten dabei sein wie bei dem Bergaufzug, und heute trugen sie ja Lichter. Bloß ein Männlein im grünen Rock, das mit angelegter Flinte stand, auf Reh und Hirsch zielte und schoss, das verstand ich nicht. Georgis Kurt sagte, das wäre der Stülpner-Karl, der habe schon immer auf den Berg gehört. Vater Georgi drückte mit dem Daumen die Glut in der Pfeife fest, rutschte ein bisschen auf der Ofenbank seitwärts und dann erzählte er von dem grünen Jäger. Im Ofentopf brummelte das Wasser, vom Berg her duftete es nach Reisig und Lichtern, nach Pfeffernüssen und Äpfeln, die Pfeife vom Räuchermännel qualmte wie die vom Georgi-Vater, und durch den stillen Abend wanderte der Stülpner immerfort hinter den Hirschen und Rehen her, aber auch zu jeder Guttat war er bereit gegen Arme und Bedrängte. Eine Kindersehnsucht wuchs seit damals in mir, mehr zu hören vom Stülpner-Karl, dem Helden des Volkes.

Der Kantor hatte wohl ein dünnes Heft von ihm in der Volksbücherei, aber er gab es nicht her, es sollte zum Buchbinder. Einmal waren wir an den Greifensteinen und bei Schloss Scharfenstein. Aber wir sahen nicht die Schönheit der Landschaft, wir suchten nach den Spuren des Raubschützen. Hier und da hing in einer Stube an der Wand ein vergilbtes Bild von ihm. Da stand er hoch und frei, der Herr der Wälder. Denn er war der Held des Volkes und seine Geschichte ward zur Sage, verklärt von der Liebe des einfachen Mannes. Und er gehörte auch in den Weihnachtsberg, in die Wunderwelt des Lichtes. Das wusste ich seit damals.

Max Pickel

Der Nussknacker

(in bärbeißigem Ton)

Ich hab – schon manche Nuss – gepackt,
krick – krack – und mitten durch – geknackt.
Der Spielzeugmacher – der mich schuf –
gab mir das Knacken – zum Beruf.
Ich knacke große – ich knacke kleine,
und was nicht aufgeht – das sind Steine.
Ich knacke hart – ick knacke weich,
nur immer her! – mir ist das gleich.
Doch sag ich eins euch ins Gesicht:
Verknacken – ha! – lass ich mich nicht!

Kurt Arnold Findeisen

Tanzlied der Pflaumentoffel

Hunderttausend Toffel
stolpern durchs deutsche Reich.
Leider kommen nicht viele
uns gleich:

Auswendig Schrumpeln und Runzeln,
inwendig Schmunzeln.
Wir sind nur sechs kleine schwarze Rüpel,
aber wir bringen Glück und schmecken nicht übel.
Und was ein feiner Mann ist,
der frisst uns nicht gleich!

Kurt Arnold Findeisen

Die Arche Noah

Der erste Regenbogen, den ich in meiner Kinderzeit bewundern durfte, war zugleich auserkoren, mir ein erstes unvergessliches Spielzeugerlebnis zu bringen.

Meine Mutter mochte mein beglücktes Staunen über das Naturwunder gesehen haben. Darum hielt sie es aus ihrem pädagogischen Gewissen heraus offenbar für angebracht, alsdann die Geschichte von Noah und der Sintflut vom Stapel zu lassen. Zunächst regnete es entsetzlich in ihrer Geschichte, es regnete und regnete. Man zog den Kopf ein vor den Wassermassen, die da niedergingen, man wurde nass und immer nässer, man sah mit schwerem Bedenken eine fürchterliche Überschwemmung sich ausbreiten. (Einen richtigen Wolkenbruch hatte man bereits miterlebt.) Die Katastrophe, die sich alsbald überschlug und die allen Menschen und allen Tieren und allem, was auf Erden war, das Leben kostete, schien fast unerträglich für ein Kinderherz. Umso mehr beglückte die Wendung: Vier Paar Menschen und von jeder Tierart je ein Pärlein blieben übrig infolge der Tatsache, dass Noah auf Gottes Geheiß in die Arche gegangen war.

„In die Arche, Mu-i?"

„Ja, in ein hölzernes Haus, das zugleich ein Schiff war mit vielen Kammern."

„Und Löwen und Tiger nahm er mit 'nein?"

„Ja."

„Und Hunde und Katzen?"

„Ja."

„Und Rotschwänzchen?" (Wir hatten ein Rotschwänzchennest in den Büschen vorm Fenster.)

„Von allen Tieren und von allen Vögeln und von allem Gewürm je ein Paar; so steht's geschrieben."

„Ach, Mu-i, ob ich mir so 'ne Arche bestellen darf beim heil'gen Christ?"

Die Mutter lächelte, wie nur die Mütter zu lächeln verstehen seit zehntausend Jahren. Wahrscheinlich hatte Noahs Mutter auch nicht anders gelächelt.

Ich bestellte mir also eine Arche Noah, und das Wunder geschah: Ich fand eine vor unter dem Christbaum. Ich bekam eine Arche Noah, wie sie damals noch von den erzgebirgischen Spielzeugmachern hergestellt wurde, eine richtiggehende Arche Noah mit vier Männlein und vier Weiblein und mehreren Dutzenden von Tieren.

Noch heute will mir das Herz im Leibe hüpfen, wenn ich mir den allerliebsten Haushalt ins Gedächtnis rufe: Die Arche war ein handliches Schiff in der Art eines breiten Schleppkahns, auf dem ein knallbuntes Häuschen stand, eine Kajüte, die das ganze Schiffsdeck füllte. Das rote Dach des Häuschens ging aufzuklappen. Tat man es, konnte man – o jubelnde Genugtuung eines Kinderherzens! – den ganzen fünften und den ganzen sechsten Schöpfungstag herausschütten. Zunächst einmal fielen die menschlichen Figuren auf, Herr und Frau Noah mit ihrem Familienanhang. Sie trugen, ob Männlein oder Weiblein, drollige Tellerhüte – der Schnitzer hatte sich wahrscheinlich gesagt: Dort, wo die lebten, war's warm: also Strohhüte! –, dazu steckten sie sämtlich in abenteuerlich gemusterten Schlafröcken. Die Männer waren daran zu erkennen, dass jeder einen handfesten Stecken führte. Alle standen auf kleinen runden Brettchen.

Und nun die verwirrende Vielzahl der Kreaturen, säuberlich aus Holz gedrechselt und geschnitzt, geleimt und bepinselt! Alles, was kreucht und fleucht, alles, was sich auf vier, sechs, acht Beinen bewegt, vom Elefanten herab zur Kreuzspinne, alles, was mit Federn und Fittichen begabt ist, vom Strauß bis herunter zum siebenpunktigen Marienkäfer. Oder wenigstens fast alles. Der Maulwurf fehlte nicht, der überraschenderweise einer winzigen geräucherten Blutwurst glich. Reineke Fuchs fehlte nicht, der es offenbar faustdick hinter den Ohren hatte – er erinnerte mich in seiner Spitznasigkeit ein wenig an unseren Briefträger. Der Igel fehlte nicht, dem die ganze Pantomime besonders gut bekommen zu sein schien; denn er war über die Maßen groß geraten, er hatte sich förmlich ausgewachsen zu einem Stachelschwein. Und das alles war vor-

handen in doppelter Aufmachung, Paar um Paar, das heißt, die zueinander gehörenden Stücke mussten zuerst zusammengesucht werden, was für das Kinderherz eine atemraubende Beschäftigung ergab. Wunderbar schließlich der lange Festzug der Kreaturen, die zu zwei und zwei geordnet und von den Größten bis zu den Kleinsten in Reih und Glied gebracht sich auf dem Tisch hintereinander herschoben.

Bei einer solchen Gelegenheit geschah es, dass mir auffiel: die Fische fehlten in der Arche, die Walfische und die Schellfische, die Goldfische und die Karpfen. Ich gab von meiner Verwunderung Zeugnis.

Vater, der zufällig in der Nähe war, ließ sich zu einer Entgegnung herbei: „Die Fische, so, so! Und wo leben die sonst, mein Sohn?"

„Im Wasser! Die können doch schwimmen!"

„Na also. Was sollten die in der Arche?"

„Denen machte der große Regen nicht das Geringste aus! Ach, ich bin dumm!"

„Na, dass du gemerkt hast, dass die Wassertiere fehlten, das war nicht ganz dumm. Aber du bist natürlich nicht der Erste, der dahintergekommen ist."

Oh, wie Vaters Lob mich stolz machte, zumal ich sah, wie er, als er, in seinen Kegelklub gehend, sich von Mutter verabschiedete und ihr mit einer Gebärde nach mir hin munter zuschmunzelte.

Zwei hölzerne Tiere nur waren vorhanden, bei denen kein Gefährte ausgemacht werden konnte. Das erste war ein Monstrum, das offensichtlich seinem Erzeuger vollständig misslungen war, vielleicht hatte es ein Ziegenbock werden sollen, vielleicht aber auch ein Lama. Ich neigte dazu, es als Lama zu übernehmen, erstens, weil mir der fremdartig gemütliche Name schon immer gefallen hatte, zweitens, weil ich damit der Tante Fanny eine Reverenz zu erweisen glaubte, denn Tante Fanny, die bei uns aus und ein ging, war von ihrem ersten Besuch an mit dem Spitznamen „Tante Lama" beehrt worden.

Das zweite Tier aus Holz, dem kein Gefährte gesellt war, war ein schneeweißes Vögelchen von gedrungener Gestalt. Als einziger Vogel hielt es etwas Grünes im Schnabel!

„Ein Täubchen, Mu-i, ein weißes Täubchen!"

„Sieh da! Etwa das Täubchen, das Noah nach elf Monaten zum Fenster hinausließ, damit es die Unglückswelt draußen erkunde? Etwa das Täubchen, das die Botschaft brachte: Die Erde treibt wieder Gras und Kraut? Sollte das Grüne, das es im Schnabel trägt, vielleicht ein Blatt vom Ölbaum sein?"

„Ein Ölblatt, Mu-i, oder ein Lorbeerblatt, wie du's manchmal an die Suppe tust?"

„Aber gewiss", nickte die Mutter mit Überzeugung, „ein richtiges Suppenblatt."

Die Mutter war es auch, die das Tierlein, das so, vor allen anderen, ausgezeichnet und gewürdigt schien, beim rechten Namen nannte, nämlich: die Taube der Versöhnung und des Friedens. Sie war es, die es für angezeigt hielt, wieder einmal die hoffnungsvollen Worte zu zitieren: Solange die Erde steht, soll nicht aufhören Samen und Ernte, Frost und Hitze – und so weiter.

Auf den obersten First der Arche setzte das Kind alsbald die weiße Botin vorsichtig nieder. –

Im Zeichen der Versöhnung zwischen Himmel und Erde steht seitdem für mich jenes Weihnachtsspielzeug, und heute noch wölbt sich für mich ein Regenbogen über den hölzernen Tand aus dem Erzgebirge, der mein Kinderherz mit einem ersten Taumel der Entzückung füllte. Als sei über alles Spielzeug, das gemacht ist, den Menschen Freude zu bringen, ein siebenschöner Bogen gespannt, will es mir scheinen, ein siebenschöner Bogen, unter dem hin eine kleine weiße Taube schwebt.

Kurt Arnold Findeisen

Ins arzgebärgsche Stöbel tut en Blick,
Do saht Jehr eitl echtes Weihnachtsgelück,
Dort, wuhs Christgartl miet sen Inhalt stieht,
Dreht 's alte Erbstück siech, de Päremied.

Anna Wechsler

„Der Leimtopp brudelt
jeden Obnd"

Vom weihnachtlichen Bästeln und Schnitzen

Weihnachten im alten Erzgebirge. Schon um 1800 wird von der Zeit, in der „der fleißige und speculative Bergmann" arbeitete und schnitzte, um sich ein Feiertagsgeld zu verdienen und um seine Familie zu erfreuen, berichtet.

Ein alter erzgebirgischer Spruch lautet: „In deiner Hand, du Schnitzersmann, fängt noch einmal die Schöpfung an." Der Förderer der sächsischen Volkskunst, der unvergessene Hofrat Oskar Seyffert (1862–1940), Gründer des jetzigen Sächsischen Museums für Volkskunst, berichtete 1928 in einem Zeitungsaufsatz, wie er einmal Preise verteilen sollte für „Permetten" (Pyramiden) und „Spinnen" (Deckenleuchter). Aber alles, was er sah, ist mit so viel Liebe und Eifer gemacht, dass er sein Geld zu wohltätigen Zwecken gab und keine Preise verteilte. „Ich konnte kein Richter sein, kein Lehrer, der strenge Zensuren erteilt an schlichte Menschen, die ihr Bestes gaben und deren Freude und Stolz in ihren Schöpfungen wohnten."

„In großer Zahl" fand ein Besucher des Erzgebirges, Albert Zirkler (1891–1971), im Jahr 1933 „in den Stuben einfacher Leute" Pyramiden, Deckenleuchter, Lichterträger, Räuchermänner, Weihnachtsberge und Krippen. „Die einfachen Leute öffnen Besuchern gern ihre Türen", berichtet er.

Einfache Menschen wie du und ich, so lässt sich zusammenfassen, wurden vor allem in der Weihnachtszeit zu kleinen Meistern, die sich ihre weihnachtliche Figurenwelt selber schufen. In der DDR, die die Erzeugnisse des professionellen Kunstgewerbes in erster Linie in den Export gab, blieben die Erzgebirger notgedrungen „Selbsterzeuger", und so hat sich die traditionelle Volkskunst über die gewerbliche Szene hinaus bis heute erhalten. „Der Leimtopp brudelt jeden Obnd, nooch Arbit riecht's derham", so war es im alten Erzgebirge. Vom „Leimtopp" abgesehen, der von moderneren Klebemitteln abgelöst wurde, ist es noch heute so, dass es in der Vorweihnachtszeit „derham … nooch Arbit riecht."

E. H.

's werd Winter

Mer merkt von Winter fast noch nischt
do draußen in der Walt,
wenn ubn bei uns in Arzgebirg
de erschte Schneeflock fällt.
Wie ball liegt dan e weißer Hauch
in Wald un of der Flur,
un durch de Wies' un über'sch Fald
zieht sich von Wild aa Spur.
Gar ball sei Dörfer un de Städt
bei uns ganz eigeschneit.
Su fängt se a ubn in Gebirg,
de liebe Winterszeit.

Der Paul hult glei senn Schlieten ro,
ar will schu ruscheln gieh,

der erschte Schnee, do lacht sei Herz,
nischt annersch is su schie.
Is of de Stroßen aah noch oft
e bissel Drack ze sah –
der erschte Schnee,
de Kinner tu sich herzlich drüber fraa.
Gar ball sei Gunge un de Maad
zen Ruscheln schu bereit.
Su fängt se a ubn in Gebirg,
de liebe Winterszeit!

In Stübel is ze kaaner Zeit
su traulich un su schie
un sei de Hutzenleit mol do,
will kaans net wieder gieh.
De Maad se klippeln, hall derklingt
e mannichs Lied derbei,
de Manner spieln, Großmutter hult
vür sich ne Strickstrump rei.
Gar ball derklingt e Weihnachtslied
ze dritt un aah ze zweit,
su fängt se a ubn in Gebirg,
de liebe Winterszeit!

Nu sucht der Voter langsam haar
dos Zeig vür'n Weihnachtsbarg,
ne Raacherma, de Engelè,
ne Bargma un de Zwarg.
Der Leimtopp brudelt jeden Obnd,
nooch Arbit riecht's derham,
zen Basteln un zen Hutzen kimmt
de ganze Freindschaft zamm.
Gar ball stieht dan de Peremett
vür Weihnachten bereit,
su fängt se a ubn in Gebirg,
de liebe Weihnachtszeit!

Wilhelm Häberer

Der Weihnachtsberg

Ein Stück erzgebirgischer Weihnachtsherrlichkeit

Es ist zeitig finster geworden, obwohl der frischgefallene Schnee die Talwände emporleuchtet. Graue Wolken hängen um die Höhen wie dicke Vorhänge, die das Licht dämpfen. In den einzelnen Häusern werden nach und nach die Lampen angezündet. Wenn man auf das sich lang das Tal emporziehende Dorf herniederschaut, sieht es aus, als hüpften Funken von Fenster zu Fenster. Da, mit einem Male flammt es am oberen Ende des Ortes auf, ein großes, langes Gebäude, das bis dahin sich nur wenig aus der sinkenden Dämmerung abgehoben, die „Faberik" lässt aus den hohen Fenstern viel hundert elektrische Flammen hinaussprühen und kündet in weite Ferne von der Tätigkeit fleißiger Hände, die hier sich regen, bis die durchdringende Fabrikpfeife Feierabend verkündet. Dann wälzt sich ein breiter Strom von Arbeitern und Arbeiterinnen durch die breiten Gittertore auf die Landstraße, um möglichst rasch heimzukommen. Vor uns gehen zwei junge Männer her. Sie tragen in der Hand ihr „Kaffeekrügel" und unterhalten sich lebhaft. „Kommst du heute Abend in den Turnverein?", fragt beim Auseinandergehen der eine. „Nein, Ott (Otto), heut' heißt's zu Hause bleiben. Ich habe angefangen, für meinen Jungen und das Mädel einen Berg zu bauen. Da muss ich mich sputen, sonst werd' ich bis zum heiligen Abend nicht fertig." „Du hast recht", entgegnete der andere „ich werd' auch daheim bleiben und die zersprungene Platte an meiner Pyramide ausbessern."

Zur selben Zeit stehen am Schulhause zwei Jungen. Der Kantor hat Singstunde für die „Schulmetten" gehalten. „Kommst du heute Abend ein bissel herüber zu uns, Ward (Eduard)? Wir wollen Weihnachtslieder singen. Meine Leute schleißen Federn." „Ich käm' schon gerne, aber mein Vater hat gestern angefangen, den Paradiesgarten vorzurichten; da muss ich helfen."

Beim Kaufmann erscheint währenddessen ein kleines Mädchen und verlangt „im en Dreier Leim", aber solchen, der recht gut klebt, ihr großer Bruder will eine „Eck" bauen.

Wenn sich jemand die Mühe nehmen und in der Weihnachtszeit gegen Abend durch die Ortschaften des Erzgebirges wandern wollte, der würde sich wundern, wie viel in den Häusern geschnitzelt und gebästelt wird. Denn davon lässt der Erzgebirger nicht, eine „Christgeburt" muss er zu Weihnachten aufbauen, sei es, dass er ihr eine Ecke des Zimmers anweist oder sie als Garten um den Fuß einer Pyramide oder des Christbaums errichtet.

Ja, der Gebirgler nützt die Weihnachtszeit aus. Seine Festfreude beginnt an dem Tage, an dem die Vorarbeit für das Fest beginnt. Und das ist für viele sehr frühe, denn sie können es nicht erwarten, bis die Kisten vom Boden heruntergeholt werden, die die Herrlichkeiten bergen, wie sie zu einem echten Weihnachtsberg gehören. Was ein richtiger Berg ist, der muss jedes Jahr seine Überraschungen bieten, immer etwas Neues, und womöglich Schöneres als im Vorjahre. Es gibt Leute, die beginnen mit der Arbeit für das nächste Weihnachten, wenn sie den Berg weggerissen haben. Meist ist es auch sehr nötig, dass all' die Herrlichkeiten, mögen sie nun Menschen, Tiere, Bäume, Häuser, ja selbst Engel und Apostel darstellen, gründlich „rennefiert" werden, ehe sie wieder weihnachtliches Aussehen erhalten. Ein alter Grumbacher hat uns einmal im „Glückauf" erzählt, wie zwei Jungen sich über die Herstellung des „Lustgartens" unterhalten. Als der Vater des einen am Sonntag den Lustgarten vom Oberboden heruntergeholt hat, da lag ein Haufen Staub und Spinnweb darauf, dass der Junge „n' Adam un sei Fraa ball net wied'r d'rkannt hätt". Denn im Strohdach war ein Loch, da hat es hereingeregnet und -geschneit und dem Adam die Haare vom Kopfe heruntergewaschen und seiner Frau das rechte Bein und alle beide Ohren weggeleimt.

Die Vorsichtigen freilich haben ihre Herrlichkeiten so fein säuberlich eingepackt, dass ihnen nichts Schlimmes geschehen kann. Ein anderer Erzgebirger erzählt, wie die

Jungen Vater und Mutter beim Auspacken der mit dickem Bindfaden umschnürten „Christ-Geburt-Zeig-Kasteln" zugucken. Ihre Augen glänzen vor Freude über das „Mannelzeig", das in Moos, Watte und Tuchfleckeln sorgsam eingewickelt ist. Jedes der bekannten Tiere, vom Hund, Schaf bis zum Ochsen wird mit einem Freudenruf begrüßt. Sie kennen sie ja seit frühester Jugendzeit.

Es herrscht eine bunte Mannigfaltigkeit in diesen Erzeugnissen erzgebirgischer Volkskunst. Der Brauch, die Weihnachtsgeschichte nicht nur dramatisch im Christspiel, sondern auch durch Figuren darzustellen, ist sehr alt und stammt aus der katholischen Zeit. Noch heute spielen in Italien die Weihnachtskrippen eine große Rolle, zumal man hier künstlerische Darstellungen von hohem Wert findet.

Die Verwendung der Krippen im Erzgebirge ist eine doppelte. Entweder treten sie als selbstständige Stücke auf, mit allerhand Beiwerk geschmückt, das oft nur in losestem Zusammenhange mit dem Fest steht, aber doch das Leben und Treiben des erzgebirgischen Volkes und seine enge Verbindung mit dem Christentum wiederspiegelt. Oder sie bilden als Garten den Fuß einer Pyramide, eines Christbaumes. Die Namen sind, wie schon aus unseren Zeilen ersichtlich, sehr verschieden. Außer den schon aufgeführten Bezeichnungen tragen sie noch die Namen: Christgarten, Bethlehem oder Paradies. Sind sie nur Träger eines Lichterbaumes oder einer „Permett" (Pyramide), dann ist ihre Aufstellung einfach. Um ein starkes, auf Leisten stehendes Brett wird ein Zaun errichtet, oft aus Zinn gegossen. Der Boden wird mit Moos belegt, in das allerhand Tiere, besonders weißwollige Schäflein gestellt werden. Vor der Gartentür, die sich öffnen lässt, führt ein mit Sand bestreuter Weg durch die Moosbeete hindurch nach dem Stall, in dem sich Maria und Joseph mit dem Christkind in der Krippe befinden. Ist der Stall geräumig, so sind auch Ochs und Eselein mit darin untergebracht. Davor sind die „heiligen drei Könige", wie das Volk noch heute nach katholischer Anschauung die Weisen aus dem Morgenlande nennt, aufgestellt. Als Vertreter verschiedener Völker trägt der eine weiße, der andere braune, der letzte schwarze Gesichtsfarbe. Hirten und Herden füllen den übrigen Teil des Gartens. An einem Ast des Christbaums ist ein Engel angebunden, der über dem Stall schwebt und die Geburt des Herrn verkündigt.

Sehr oft findet man auch, dass die Christgeburt auf einer Platte (Stockwerk) der Pyramide aufgestellt ist. Die einfache, aus bunt beklebten Holzstöcken zusammengefügte Pyramide, die nur Lichtträger war, findet man, seitdem sich der Christbaum auch in den schlichten Volkskreisen eingebürgert hat, fast gar nicht mehr. Die Pyramiden, die noch die Namen „Laaf-Lächter, Drehturm" u. a. tragen, haben meist vier Platten, die an einem durchgehenden Stab befestigt sind. Wird der Stab durch die Wärme der Lichter, die durch große Windflügel aufgefangen wird, gedreht, so bewegen sich die Platten mit. Auf diese Stockwerke wird nun alles Mögliche aufgestellt. Nicht fehlen darf darunter die Krippe. Moritz Spiess, der Geschichtsschreiber erzgebirgischer Sitte, schildert eine Pyramide vor vierzig Jahren, die auf den vier Platten eine Entwicklung der christlichen Kirche aufwies. Auf der untersten Platte stand in der angegebenen Weise die Geburt Jesu. Dann folgte auf der zweiten Platte die Zeit der ersten christlichen Jahrhunderte: aus flimmrigen Steinen waren Höhlen gebaut; darin befanden sich kleine Holzfiguren, was an die Zeit der Christenverfolgung erinnern sollte. Dann kam das Mittelalter: Ritter, Mönche, Bischöfe und Luther. Den Schluss machte die Neuzeit mit der buntesten Zusammenstellung von allerlei Volk: Soldaten, Jäger, Bauern, Hirten, Bergleute usw. Jetzt baut man die Figuren meist freier auf. Doch fehlt auch heutzutage nie die Christgeburt. Die nicht allzu teuren und meist sehr schön ausgeführten Figuren aus gepresstem Papierstoff erleichtern ja die Anschaffung wesentlich. Was jedoch ein richtiger Erzgebirger ist, der will Figuren aus Holz geschnitzt und bunt bemalt haben. Wenn irgend möglich, schnitzt er sie selbst, oder er geht zu einem der „Männle-Schnitzer", die leider immer mehr aussterben, und bestellt sich die gewünschten Figuren.

Wo so viel Stoff sich bietet, da wird die Pyramide bald zu enge, und so wird der ganze Plan erweitert und eine Ecke aufgebaut, in die man die Pyramide mit eingliedern kann. Eine größere Ecke erfordert einen ziemlich festen Unterbau, der verhängt wird. Aus Steinen, Moos, Baumrinde und anderen Stoffen, die man sich beizeiten einträgt, wird zunächst die Höhle für das Christkind aufgebaut. Die oben erwähnten Figuren gruppieren sich um dies Hauptstück. Im nächsten Jahre wird eine Terrasse aufgebaut, auf der die Häuser Bethlehems sich erheben. Über ihnen an der Wand schimmert der Stern der Verheißung. Die Wand selbst wird mit einem gemalten Hintergrunde oder mit Reisig oder Wachholderästen bekleidet.

Einen weiten Raum nehmen die Erinnerungen an die Bergbauzeiten in Anspruch. Da wurden ganze Bergwerke in Querschnitt aufgerichtet, worinnen man die Bergleute in ihrer Arbeit belauschen konnte; denn das Ganze war durch eine treibende Kraft beweglich gemacht worden. Auch wurde die weitere Lebensgeschichte des Herrn bildlich dargestellt, bis hin zur Kreuzigung, Auferstehung und Himmelfahrt. Der Zug der Apostel, zum Schluss Judas mit dem Beutel in der Hand, bewegte sich durch die Halle oder Grotte. Daneben fehlten die Einrichtungen der Neuzeit, wie ein auf Schienen laufender Eisenbahnzug, nicht. Das bringt Leben in das Ganze. Und so lebendig wie der Bewohner des Erzgebirges selbst ist, so lebendig will er auch seine „Ecke" haben. Darum stellt er auch seine lustig um den Ring tanzende Pyramide hinein.

Es besteht in den einzelnen Orten ein edler Wettstreit, seine Ecke am schönsten und eigentümlichsten auszugestalten. Da werden schon im Sommer merkwürdige Steine, wunderlich gestaltete Rinden und Wurzeln eingetragen und für die Krippe hergerichtet. Viele schlichte Leute sind Tausendkünstler im Schnitzen von Figuren und in der Einrichtung mechanischer Werke, die das Ganze in Bewegung setzen. Es gibt auch eine ganze Anzahl Orte, wo sich die Krippenbesitzer zusammentun, um eine gemeinsame Weihnachtsberg-Ausstellung zu veranstalten. Solche

„Berg-Vereine" oder „Krippenvereine" bestehen z. B. in Oberwiesental, Schneeberg, Aue, Lößnitz, Niederwürschnitz u. a. Diese Vereine führen hie und da auch alte und neue Christspiele auf. Ja, sie wandern sogar mit ihren Kunsterzeugnissen. So war der Auer Verein vor etlichen Jahren mit seiner großen 43 Quadratmeter einnehmenden Krippe in Leipzig, wo das fast in allen Figuren bewegliche Werk von Tausenden bewundert wurde. Diese Darstellung weist außer Bethlehem noch Jerusalem, Nazareth und Kana in plastischer Ausführung auf. Den Zug der Weisen kann man von Ort zu Ort nach dem Palast des Herodes und hin nach Bethlehem verfolgen. Wie viel Mühe steckt in einem solchen Riesenwerk, an dem Hunderte mit treuer Hingebung gearbeitet haben. Gibt es doch für viele Erzgebirger das ganze Jahr hindurch nur die eine Erholung: an der Krippe zu arbeiten und sie immer schöner auszugestalten. Dabei hat es natürlich auch nicht an Missgriffen gefehlt. So berichtet der alte Breitenbrunner Pastor Wild, dass vor hundert Jahren z. B. hölzerne Steiger (Bergleute) angefertigt wurden, „in deren Bauche man ein ganzes wohllöbliches Bergwerk mit den Köpfen nickend Sitzung halten sieht". Derartige Geschmacklosigkeiten sind gefallen, und immer mehr gewinnt das Volk Freude am wirklich Schönen und Geschmackvollen. Besonders die Pyramiden und Weihnachtsleuchter sind in ihren Formen oft von edelstem Gleichmaß, sodass sie unserer sächsischen Volkskunst alle Ehre machen.

Und welche Freude bereiten diese Werke ihren Besitzern und allen den zahlreichen Besuchern, von denen ein Haus mit einem schönen Weihnachtsberg nie leer wird. Je mehr kommen anzuschauen, desto mehr fühlt sich der Besitzer geehrt und ist unermüdlich, immer wieder seine Lämpchen und Lichter anzuzünden und großen und kleinen Fragern Auskunft zu geben. So ist und bleibt Weihnachten im Gebirge auf das Engste verbunden mit der Sitte, einen Weihnachtsberg aufzubauen.

Friedrich Hermann Löscher

Erzgebirgische Weihnachten

Wohl nirgends wird das Weihnachtsfest
Im Haus und in der Kirche
So weihevoll gefeiert, wie
Bei uns im Erzgebirge.

Die Weihnachtsstimmung ist hier schon
Mit Sankt Andreas da
Und dauert bis zum „heiling Ohmd"
Vor Epiphania.

Ich will aus meiner Vaterstadt
Den Weihnachtszauber schildern,
Wie er aus meiner Jugendzeit
Noch lebt in meinen Bildern.

Vier Wochen vor dem Weihnachtsfest,
Da trugen wir schon fleißig
Zusammen, was es irgend gab
An Brettchen, Moos und Reisig.

Der Handwerkskasten ward geholt,
Sobald der Abend dämmert,
Dann ward beim Rüböllampenschein
Gebästelt und gehämmert.

Der eine baut sich eine Burg,
Der andere einen Garten,
Der dritte einen Weihnachtsberg
Aus Moos und Rindenschwarten.

Und wer geschickt, bewandert ist
Auf technischem Gebiete,
Der baut ein Bergwerk oder auch
Nur eine Pyramide.

Der Holzklotz aus dem Ahornstamme,
Ein ästefreier, weicher,
Gestaltet mehr sich jeden Tag
Zu einem schmucken Steiger.

Je näher nun Weihnachten kommt,
Je trauter wird's im Stübel,
Und riecht's nach angebranntem Leim,
So nimmt das niemand übel.

Die Räucherkerzchen dringen durch,
Sie reinigen die Luft,
Und wenn's die echten, braunen sind,
Ist's wahrer Balsamduft.

Nun hat der Tischler Krüger auch
Die Krippe aufgestellt:
Das ganze Leben Jesu sieht
Man hier, für wenig Geld.

Und auch die Wolfgangskirche ist
Hier als Modell zu sehen,
Dort bei der Kasse an der Tür
Sieht man den „Lächter" drehen.

Am Mühlberg wird mit vieler Kunst,
Durch Räderwerk von Uhren
Bewegt, ein Bergwerk aufgebaut,
Mit „lebenden" Figuren.

Da wimmelt es, da rappelt es,
In Stollen und in Schächten,
Von Huntejungen, Zimmervolk,
Von Häuern und von Knechten.

Vor Ort da drunten glänzt und gleißt
Ein reicher Silberbruch;

Dort oben nach der Kirche wallt
Endlos ein Bergaufzug.

Und sinkt am heiligen Abend nun
Die heilige Nacht hernieder,
Dann wandelt lauschend durch die Stadt
Ein Engel hin und wieder.

Der Kirchturm strahlt im Lichterglanz
Und durch die stille Nacht
Erbraust der Glocken Harmonie,
In hehrer, voller Pracht.

Wie Weihe strömt's aus Glockenmund
In alle Menschenherzen:
Nun flammt es auf, das Lichterfest
Mit abertausend Kerzen.

Das „heilge Ohmdlicht" bunt und dick
Fehlt wohl in keinem Hause.
Ein Bergmann mit dem Dreierlicht
Brennt in der ärmsten Klause.

Der Steiger brennt, die Päremett
Kreist still und unverdrossen,
Der Kronenleuchter, selbst geschnitzt
Der Engel – lichtumflossen.

Und auf dem Berg im Fenstereck,
Wo Bethlehem und Stall
So kunstvoll aufgerichtet sind,
da flammt es überall.

In all der großen Lichterpracht
Strahlt noch der Tannenbaum.
Just wie im Märchen schimmert es
Im lichtverklärten Raum.

Guido Meyer

„Aber Christus ist doch heute geboren"

Das Schönste sind wohl die Weihnachtspyramiden. Die Pyramide ist älter als der Weihnachtsbaum, manche Heimarbeiterfamilien schnitzen und basteln jahrelang an ihrer Pyramide, die später zum Erbstück für Kinder und Kindeskinder wird. Sie ist ein großes oder ein kleines Holzgestell; Holzscheiben in Etagen übereinander, die sich um eine Achse drehen. Oben auf der Spitze liegt ein Propeller aus dünnem Holz; durch die Wärme der Kerzen wird alles in drehende Bewegung gesetzt. Auf den Holzscheiben stehen die symbolischen biblischen Puppen: Darstellung der Geburt des Christkindes; Hirten, Könige und Tiere. Die großen Pyramiden füllen das Zimmer aus, die kleinen sind für den Tisch berechnet.

Ich sehe mir die Pyramide genau an. Im untersten Stock tobt eine Jagd auf Hirsche, Rehe und Hasen. Der gefeierte erzgebirgische Wildschütze, Stülpners Karl, hat gerade einen Zwölfender erlegt.

Im mittleren Stock wird das Christkind geboren. Die Maria hat die Holzhände betend erhoben, ein blaues Tuch aus Glanzpapier liegt um den runden Kopf mit den roten Backen. Vorn baumelt ihr ein rotes Schürzchen herunter.

Das Kind liegt in der Krippe, auf der Stirn über den schwarzen Kugelaugen klebt ein gewaltiger goldener Pappstern, größer als das Kind selbst. Joseph daneben ist ein schöner stattlicher Mann mit braunem Spitzbart und gewellten Locken. Er trägt einen blauen langen Taillenrock mit goldenen Knöpfen; um die Schultern hängt ein leuchtend roter Mantel wie bei einem feschen Husaren. In der rechten Hand hält er einen silbernen Krummstab. Dann kommen die Heiligen Drei Könige, Kaspar, Melchior, Balthasar, beladen mit Truhen, Schüsseln und anderen goldenen Geschenken. Der erste bärtige König hat ein gelbes rotverschnürtes Husarenjäckchen und ein rotes Röckchen an, der zweite König ein blaues goldverschnürtes Husarenjäckchen und ein gelbes Röckchen, der dritte König ein rotes gelbverschnürtes Jäckchen und ein grünes Röckchen. Der dritte König ist ein kohlrabenschwarzer Mohr. Um seinen schwarzen Holzkopf, aus dem die weißen Augäpfel blinken, windet sich ein weißer, rotgetupfter Turban, der wie ein Kaffeewärmer aussieht. Die anderen Könige tragen große goldene Kronen. Dem letzten König folgt die rotgekleidete Wirtin, blaubeschürzt, den üppigen Busen hoch geschnürt. Im linken Arm hält sie eine Schüssel mit Knödeln. Manche Wirtinnen tragen auch ein Fremdenbuch, in das sich Joseph einschreiben soll. Den Abschluss des festlichen Reigens macht der Wirt im braunen Kaftan und mit weißer Zipfelmütze.

Auf der oberen Scheibe, umgeben von zierlichen grünen Bäumen, bewegen sich die Hirten, auch stattliche schöne Männer, in langen blauen und grünen Taillenröcken. Auf den Lockenköpfen sitzen grüne Strohhüte, und jeder Hirt führt seinen langen Hirtenstab mit. Die weißen Schafe, rote Bänder um den Hals, lassen sich fromm und friedlich treiben.

Andere Pyramiden führen noch mehr Puppen. Ein Schnitzer ließ um das Christkind einen Eisenbahnzug fahren. Als man ihn darauf aufmerksam machte, es hätte doch zu jener Zeit noch keine Eisenbahn gegeben, soll er erstaunt gesagt haben: „Aber Christus ist doch heute geboren!"

Alexander Graf Stenbock-Fermor

Ben Nachber

Guckt när amol zum Fänster nei
Do driem ben Nachber Henner,
Wos do de Leit fei fleißig sei,
Daar macht's nu immer schenner!
Wos daar egal ze basteln hoht,
Nu 's werd fei aah a wohrer Stood!

Sät hie, der Alte hoht sei Plog
Grod miet der Pergamieden,
Er macht se schenner geden Dog,
Werd oder net zefrieden;
Itz hoht er gar en Kinnermord
Ze Bätlehäm fei aah noch dort!

Sei Gung, der gruße, fängt aah schu
Racht schie miet a ze schnitzen,
Hoht mit an Steiger itz ze dhu,
Dort sät ern derbei sitzen!
Er bastelt rim am rächten Baa,
Nu, 's werd grohd net viel ähnlich saah.

De Weibsen sitzen aah drim rim,
Die missen fei fest klippeln,
Wu itze gieht der Rupprich im,
Do derf mer sich nett schnippeln!
Ihr Maad! macht när fei eire Zohl,
Dos sohg iech aa fer allemohl!

Die Stub voll Leit! 's sei fei noch mehr,
Guckt in der Hell när hinner,
Epps nett de Grußemutter wär,
Drim rim ä Fläck voll Kinner.
De Kinner dunne sulang queln,
Se muss vun heiling Christ derzehln.

H. Montanus (Heinrich Jacobi)

Bei den erzgebirgischen Schnitzern und Bastlern

So verlockend es auch ist, zu den Spielzeugmachern in dem Gebiet um Seiffen und Grünhainichen soll uns der Weg nicht führen. Wir wollen vielmehr die Leute aussuchen, die zu ihrer eigenen Freude und in erster Linie für ihr eigenes Heim schnitzen und basteln, die also nicht von Beruf Schnitzer sind. In zahlreichen Orten des Erzgebirges haben sich Schnitzer und Bastler in Vereinen zusammengeschlossen. Der Lößnitzer Schnitzverein z. B. zählt zurzeit 100 Mitglieder. Regelmäßig finden hier seit Jahren dienstags Schnitz- und donnerstags Bastelabende statt. Neben Einzelarbeiten werden in diesen Vereinen auch gemeinschaftliche Arbeiten ausgeführt. Manche Schnitz- und Krippenvereine veranstalten in der Weihnachtszeit große Ausstellungen, einige jährlich, einige auch nur alle zwei oder vier Jahre. Meist finden diese Ausstellungen erst nach dem Weihnachtsfest statt. Die Hauptsehenswürdigkeit ist in der Regel der große Vereinsberg. [...]

Im Allgemeinen sind die großen Ausstellungen von erzieherischem Wert für das Volk und haben den Vorteil, dass die Besucher sich schnell einen Überblick über den Stand der örtlichen Schnitzkunst verschaffen können. Zeitraubender und umständlicher, dafür aber auch lohnender und reizvoller ist es, wenn man in die Stuben, in die Küchen zu den Leuten selbst geht, wenn man sich ihre Schnitzereien und Basteleien an Ort und Stelle ansieht.

Ein Mittelpunkt für Schnitz- und Bastelarbeiten ist z. B. Ehrenfriedersdorf. Hier findet man in großer Zahl in den Stuben der einfachen Leute entweder Pyramiden (Drehtürme), Deckenleuchter (Spinnen), Lichterträger, Räuchermänner oder Weihnachtsberge (Krippen). Besonders reizvoll sind die Krippen mit beweglichen Figuren, in die oft noch besondere Beleuchtungsvorrichtungen eingebaut sind. Jedes Jahr wird etwas daran verändert, kommen neue Überraschungen hinzu. Schöne Schnitzereien hat z. B.

Otto Vogel, der Schulhausmeister. Er besitzt bis ins einzelne genau durchgearbeitete große Bergleute und Engel, ferner Figuren (meist Bergleute aller Art), die er aus einer selbst erfundenen Masse hergestellt hat, und einen Weihnachtsberg mit dem Raubschützen Stülpner-Karl.

Einen der eigenartigsten Weihnachtsberge besitzt der Schuhmacher Wohlgemut. Er ist gegliedert in drei übereinanderliegende, stufenförmig angelegte Stockwerke. Unten ist die Weihnachtsgeschichte dargestellt, in der Ecke die Krippe im Stall. Hirten sind mit ihren Schafen auf dem Felde und schauen nach den Engeln, die von Zeit zu Zeit auf- und niederschweben. Die drei Könige kommen auf Kamelen angeritten. Im zweiten Stockwerk ist ein Bergwerk dargestellt. Die Bergleute schlagen mit ihren Fäusteln auf die Hämmer und zerkleinern so das bereits abgebaute Gestein. Hunde werden hin- und hergeschoben. Jetzt öffnet sich die Stollentür. Der Obersteiger kommt und kontrolliert. Darüber ist ein verschneites Erzgebirgsstädtchen am Berghang aufgebaut. Auf der Straße im Vordergrund fahren Wagen, Autos, Motorradfahrer, ziehen Kinder ihre Schlitten und rodeln. Schneeschuhläufer gleiten dahin. Die Häuser sind erleuchtet. Im Hintergrund steht die Kirche. Drin ist's noch finster. Jetzt fangen die Weihnachtsglocken an zu läuten (ein Gongwerk ist eingeschaltet). In den Häusern verlöschen nach und nach die Lichter. Nun erstrahlt aus den hohen Kirchenfenstern festliche Beleuchtung. Nach einiger Zeit kehren die Kirchgänger heim. In den Häusern wird es nach und nach wieder hell. Auch die Straßenlaternen brennen. In der Kirche werden die Lichter ausgelöscht. Unmerklich geht die heimatliche Landschaft über in das verschneite Gebuckel der erzgebirgischen Berge und Täler und in den darüber gespannten Winterhimmel des gemalten Hintergrundes. So sind auf sinnige Weise alte und neue Zeit, Heimat und Fremde zu einer höheren Einheit verschmolzen. Lange Zeit kann man hier stehen, und immer wieder wird man etwas Neues entdecken. Überall ist Bewegung, ist Leben. Wohlgemut hat die Häuser selbst geschnitzt. Die Figuren hat er gekauft. Er ist vor allem Bastler. In dem originellen Aufbau, in der abwechslungsreichen Beweglichkeit des Ganzen kommt seine besondere Begabung zum Ausdruck. Welche Kunst, welche Geduld, welches Geschick, welche Erfindungsgabe gehören dazu, einen derartigen Mechanismus aufzubauen und dauernd in Bewegung zu halten! Die beschriebene Krippe wird durch einen Heißluftmotor in Bewegung gehalten. Manche Bastler verwenden elektrischen Strom, manche die Wasserleitung. Welchen Weihnachtsberg man auch sehen mag, man wird nicht wissen, worüber man mehr staunen soll, über die Erfindungsgabe und Fantasie dieser schlichten Menschen oder über ihr buntbewegtes und belebtes Werk selbst.

Als ich am Abend durch das verschneite Städtchen ging, sah ich in einer Seitengasse ein Häuschen, das sich quer in den Weg stellte. Ich ging näher. Gerade zündete ein alter Mann behutsam die Kerzen an, die Bergleute in den Händen hielten. Dabei hatte er ein so sonniges und zufriedenes Gesicht. Hier musste ich hinein! Auf einem Tischchen am Eckfenster stand eine alte, schöne Pyramide. Statt der Kerzen brannten Rüböllämpchen. Die Rübölbehälter sahen wie kleine Glocken aus, deren Öffnung nach oben gerichtet ist. Am inneren Rande befand sich ein breiter Ring, in dem der Docht befestigt war. Der alte Mann hatte die „Peremett" von seinem Vater geerbt. So mochte sie demnach etwa hundert Jahre alt sein. Langsam dreht sich das breite Flügelrad. Ab und zu pinkte hell ein Glöckchen, wenn es von einer Kugel berührt wurde, die an einem Faden von einem Flügel herunterhing. Auf den einzelnen Scheiben bewegte sich allerhand wunderliches Volk still in der Runde: die heilige Familie, Hirten mit ihren Schafen, die Bergparade. Unter der Pyramide, hinter einem hohen Zaun, befand sich ein Garten, in dem alte Grenadiere aus der Napoleonischen Zeit mit hohen, runden Bärenfellmützen in Reih und Glied marschierten. Das war der Stolz des Alten, hatte er doch selbst 1886 bei den Leibgrenadieren in Dresden gedient. Und dann hat der Alte die Pfeife angezündet und sich „bauersch" hingesetzt und die Mutter hat Klöße ge-

gessen, den Rest vom Neunerlei. Das Heiligabendlicht stand mitten auf dem Tisch und flackerte. Und vom Fensterbrett her schauten die großen Bergleute zu. So habe ich die alten Leute fotografiert. Ich will ihren Namen nicht verraten. Gerade das Selbstsuchen, das Selbstfinden schafft reine Entdeckerfreude.

Zum ersten Male war im Winter 1930/31 in Ehrenfriedersdorf die „Lange Schicht zu Ehrenfriedersdorf" ausgestellt. Es ist die Darstellung eines bekannten heimatlichen Sagenstoffes in zahlreichen Gruppen. Malermeister Klump hat sechzehn Jahre daran gearbeitet und, wie er schreibt, „alles selbst entworfen, gezeichnet, gebaut, geschnitzt, gebästelt, gemalt und gruppiert".

Als ich am anderen Tage nach einer schönen Wanderung über Geyer und durch den verschneiten Geyerschen Wald nach Lößnitz kam, war leider die Ausstellung schon abgeräumt. Sie befand sich in der Schulturnhalle, und diese musste rechtzeitig vor Unterrichtsbeginn wieder freigemacht werden. In der Wohnung des Vorsitzenden, Walter Hambeck, zeigten mir bereitwilligst Frau und Sohn einige Arbeiten des Vaters. Dieser war gerade zum Dienst gegangen. Er ist Pförtner in einer Fabrik. Schnell wurde noch einmal die Krippe aufgebaut. Im Hintergrund zerfallenes Gemäuer, in der Mitte Maria und Joseph mit dem Kind, umgeben von Hirten. Davor hohe korinthische Säulen, Treppenstufen. Von allen Seiten kommen noch Hirten herzu. Einer mit einem springenden Ziegenbock. Ein anderer trägt ein Schäfchen auf dem Arm. Ein dritter bläst den Dudelsack. Man muss staunen über die Lebendigkeit der Darstellung.

Die Gesichtszüge jeder Gestalt, die Bewegungen von Mensch und Tier, alles ist dem Leben abgelauscht. Das ist der Gipfel der Volkskunst.

Aber nun genug. Nur noch ein paar Winke. Wer von Chemnitz direkt nach Lößnitz fährt, der besuche auch noch Schneeberg und Neustädtel. Hier in dem alten Bergbaugebiet findet man bei vielen Krippen noch Darstellungen dieses alten gebirgischen Erwerbszweiges.

Wer dann noch weiter hinauf ins Gebirge nach Aue, Johanngeorgenstadt, Oberwiesenthal, Bärenstein oder über die Grenze ins böhmische Erzgebirge oder hinunter nach Buchholz, Annaberg, Schwarzenberg, Elterlein geht – um nur einige Orte zu nennen –, dem wird sich überall Gelegenheit bieten, erzgebirgische Schnitzkunst und Bastelarbeiten zu sehen. Allerdings wird die Menge verschieden sein.

Die einfachen Leute öffnen den Besuchern gern ihre Türen. Es sind meist Handwerker und Arbeiter: Malermeister, Tischler, Schuhmacher, Stricker, Strumpfwirker, Waldarbeiter, Bergleute usw. Man spürt es oft deutlich, wie sie an ihrer selbstgewählten Arbeit innerlich gewachsen sind. Selbstbewusst und doch dabei bescheiden zeigen sie ihre Werke, in denen Mühe und Arbeit vieler freier Stunden, vieler Jahre, manchmal eines Menschenalters stecken. Daher wissen sie auch, welch großes Glück in der selbstgewählten Arbeit und ihrem Gelingen liegt. Und wenn die erzgebirgische Jugend der alten Volkskunst auch in Zukunft treu bleibt, dann wird diese Freude sich noch lange erhalten.

Und nun viel Freude auf der Fahrt und ein herzliches Glückauf!

Albert Zirkler

Wenns bischbert, bastelt Tog un Nacht, dr Lächter ward
gebrannt,
Un aah bei Harz vir Frad ball springt, do is dr Dezember in
Land.

Bruno Herrmann

Frisch anner Holz!

Bei Schnitzern gibt's keen falschen Stolz
is äns verhunzt, frisch anner Holz!

Des Erzgebirgers Vorbereitung
für Weihnachten

Nu horcht när, wie där Loden knarrt
Unn kloppert su vun Wind,
Hennt, draußen stöbert's, s hot a Art,
Dos wärd a Winter, Kind!
's ka â nischt schoden, besser is
Dos doch, als Matsch un Drack,
Un wenn der Schnee wing größer is,
Do gieht er nett gleich wag.

Nu s wärd â Zeit, Weihnachten is
Schu wärllich fer der Tür,
Wenn ich dra denk, kimmt märsch gewiss
Gar net wie meglich fir.
Frâ, sog mer när, eb d' olber¹ bist,
Do hiere trittstde rim,
Host nischt ze du fern heiling Christ,
Do kümmer Dich doch drim!

Ich wâß net, wu der Kopp mer stieht,
Ze bästeln hoh' ich viel,
Do is ze erscht de Pergemid²,
Die sich net drehe will.
Wos ho ich schu gedreht drarim,
De Flügeln â verschu'm³,
Gebung⁴ an Zappen rim un nim,
Ball unten und ball um.

Dar Garten do im's Bathlaham
Is a in Ordnung net,
Där braucht fast gar en neie Zâm[5],
Wenn ich ner Späholz het'.
Un in der Kripp, do fählt, wâß Gott,
Doch de Maria nei,
Die hoht der Gung[6] die Tohg[7] gehot,
Do schlog's Gewitter drei.

Un wenn nu de liem Feiertohg
A kumme su mit ra,
Un mer is fartig mit der Plog,
Do denkt mer net mer dra.
De Kinner machen a Geschrei
Un freie sich wie sär,
Dos bissel Weihnachtsbästelei,
Dos rächne mer net mehr!

Bun Engel sei de Dräht verbung[8]
Un Dillen fähln 're â,
Bun Flügeln is es Gold verflung,
Du muss â wos geschah.
Un Docken[9] fer de klâne Mahd,
Nu Frâ, die putz fei a,
Ich ho der'sch doch schu lang gesaht,
Ach, ich geplogter Mâ. –

Su hot er nu sei liebe Nut,
Der Mâ, fern heiling Christ,
Doch sogt er, dass de Frâ nischt duht,
Dos is fei Trug und List.
Die wâs â net, wu aus und ei,
Un hoht en Drasch wie sähr,
Un doss de Tohg su korz â sei,
Mer sieht de Sun kaum mehr.

H. J.

1 albern, 2 Pyramide, 3 verschoben, 4 gebogen, 5 Zaun, 6 Junge, 7 die
letzten Tage, 8 verbogen, 9 Puppen

Freude, Stolz und Weihnachtsglück

Über das Weihnachtsfest in unserm Erzgebirge ist schon viel erzählt, viel geschrieben worden. Wenn die frohe Zeit in die verschneiten Täler und auf die Höhen zieht, da reise ich immer und immer wieder dorthin, wo die märchenhaften, von Schnee eingemummten Tannen Wache stehen und warten, ob der Knecht Ruprecht nicht just bei ihnen vorbei den Weg nehmen wird nach der kleinen Stadt da unten, in der so viele artige und unartige Kinder es heiß ersehnen.

Es will dämmerig werden. Im Erbgericht „Zum goldenen Löwen" werden schon die Lichter angezündet und gucken neugierig durch die niedrigen Fenster hinaus auf den Markt. Heute Abend soll im Löwensaal die „Große Weihnachtsberg- und Pyramidenausstellung" feierlich eröffnet werden.

Ich stehe auf dem stillen Marktplatze. Da kommt ein Mann, der hält mit beiden Händen eine Bergspinne hoch vor sich hin. Das ist ein selbst geschnitzter und bemalter hölzerner Weihnachtshängeleuchter. Neben ihm, links und rechts, trippeln seine zwei Kinder. Der Vater trägt das Werk fest in den Händen, und die Kinder schauen strahlend empor und tragen es mit den Augen. Als sie an mir vorübergehen, blicken sie mich an, und ihre glücklichen Augen rufen: Sieh nur, sieh nur her, du fremder Mann, das haben wir geschnitzt und bemalt! Solche tüchtige Kerle sind wir!

Ich sollte in der zu eröffnenden Weihnachtsmesse Preise verteilen für die besten Permetten und Spinnen. Doch da hätte ich all die Arbeiten zensurieren und gegeneinander bewerten müssen. Der Anblick, der glückliche Vater mit seinen glücklichen Kindern, aber hielt mich zurück – ich konnte kein Richter sein, kein Lehrer, der strenge Zensuren erteilt an schlichte Menschen, die ihr Bestes gaben und deren Freude und Stolz in ihren Schöpfungen wohnten. Ich konnte nicht Gesinnungen abwägen. Ich gab mein Geld zu einem wohltätigen Zweck. Ich glaube, das habe ich richtig gemacht.

Ein anderes Bild in einer anderen Stadt: Wieder ist eine Weihnachtsausstellung. Ich bin als Ehrengast geladen. Mein Einzug gestaltet sich sehr feierlich. Vornweg ging die Feuerwehr in Paradeuniform, dann kam ich, dann die Vorstandsmitglieder, dann die Schnitzer. Vor der eingehenden Besichtigung aber musste ich einen Fall schlichten, der die Gemüter in Aufregung gebracht hatte. Es war die Krippe eines Arbeiters. Sie war figurenreich, und viele Gestalten bewegten sich darin. Das „Lebendige" ist der Stolz der Hersteller. Hier können sie ihre Erfindungsgabe, ihre Bastelei zeigen. Maria saß mit dem Kinde auf einer weiten, verschneiten Wiese. Sie hob das Kind dann und wann empor. Und blühende Bäume umgaben sie und drehten sich um sich selber. Das war der strittige Punkt.

Das sei Unsinn, sagten die Vorstandsmitglieder. Ich sollte entscheiden. Ich fragte den Verfertiger, was er sich gedacht habe. Langsam antwortete er: „Ja, sehen Sie – ich habe mal gehört, dass in der ersten Weihnacht die Bäume geblüht hätten, um das Kind zu erfreuen. Das ist doch zu hübsch. Und da hab ich simuliert, dass sich das Kind wahrscheinlich noch mehr gewundert und amüsiert haben würde, wenn die Bäume sich auch noch gedreht hätten, damit ihre Blüten von allen Seiten gesehen werden könnten: Ist das falsch? Ich kann's nicht recht denken."

Ich war glücklich. Hier traf ich einen Menschen, der noch Märchen dichten konnte, der im naiven Denken wohl an die großen Gestalter des Mittelalters erinnerte, obgleich er nur ein armer, erzgebirgischer Schnitzer war. Natürlich gab ich ihm recht.

In einer dritten Ausstellung: Mit mir reiste ein Ausländer, der amerikanische Generalkonsul in Dresden, der viele Länder gesehen, viele Völker kennengelernt hatte. Als wir den lichtdurchfluteten Saal betraten, in dem die glitzernden Weihnachtsherrlichkeiten aufgebaut waren, ertönten alte Lieder, innig und feierlich. Junge Mädchen sangen sie. Bergleute mit Grubenlichtern und Engel mit brennenden Kerzen bildeten Spalier. Und die Krippen waren so vielgestaltig und die Pyramiden so abwechslungsreich, dass wir immer von Neuem staunen mussten. Die köstliche Naivität wirkte befreiend in einer Zeit, in der fast alles Sache des Intellekts, der Berechnung, ist. Ein Stück frohen Kindertums erblühte.

Und als wir später in lustigem Kreise unter den Schnitzern, Bergleuten und Engeln saßen und Gesänge und Reden sich abwechselten, bat ich den Amerikaner, auch etwas zu sagen. Er sprach: „Ich habe in meinem Land einst gelernt, dass das Erzgebirge silberreich ist. Ich bin hierher gekommen und habe erfahren, dass hier kein Silber mehr unter der Erde wächst, aber ich habe gefunden, dass in der Weihnachtszeit das Erzgebirge trotzdem sehr reich ist. Aus dunklem Schoß der Erde ist Gold in die Herzen der Menschen gestiegen, und sie feiern das Fest aller Feste, wie ich's noch in keinem Lande gesehen habe."

So sprach der Amerikaner. Und ich glaube, er hatte recht.

Oskar Seyffert

Wos z'rbruch'n un v'rblich'n,
Werd geleimt un ahgeschtrich'n,
Adam, Eva, Eng'lschar
Krieng de schinst'n Luck'nhaar.
                    A. Cl. Meyer

„Dann bringt er eine Muh, dann bringt er eine Mäh ..."

Vom Erzgebirge als Spielzeugland

Weihnachten im alten Erzgebirge. Vom 19. Jahrhundert an hatte das Weihnachtsland den Ruf als Spielzeugland schlechthin. Insbesondere im Gebiet um Seiffen waren wegen des Rückgangs des Bergbaus aus Bergleuten Spielzeugmacher geworden, aber auch an vielen anderen Orten setzte sich die Produktion von Spielzeug und Holzwaren als Erwerbszweig durch.

Musterbücher wie das des Spielwarenverlages von Carl Heinrich Oehme, Waldkirchen 1850, das 1977 als Reprint auf den Markt kam, belegen eindrucksvoll die Breite und den Variationsreichtum des Angebotes. Sie sagen aber nichts über die arbeitsteilige, hausindustrielle Produktionsweise und die sozialen und wirtschaftlichen Bedingungen der erzgebirgischen Heimarbeit. Spätestens mit dem Erscheinen der Komödie „Kater Lampe" des sozialdemokratischen Redakteurs und Reichtstagsabgeordneten Emil Rosenow (1871–1904) (als Bühnenstück 1903, als Buchausgabe 1906) war eine größere Öffentlichkeit auf die Armut und Abhängigkeit von Verlegern der erzgebirgischen Heimarbeiterfamilien und das Problem der Kinderarbeit aufmerksam geworden. Die zu ihrer Zeit sehr erfolgreiche Kinder- und Jugendbuchautorin Frida Schanz (1850–1944) wanderte im Herbst 1906 durch das mittlere Erzgebirge und lernte vor Ort kennen, wie die Heimarbeiterfamilien lebten und arbeiteten. So kritisch ihr Blick auch war, so folgerte sie doch auch: „Wie viel Kinderglück wandert da hinaus, wie viel Weihnachtsjubel."

Ein anderer Besucher fasste rund dreißig Jahre später seinen Eindruck in dem Satz zusammen: „Man ist wirklich in der Werkstatt des Weihnachtsmannes." – „Dann bringt er eine Muh, dann bringt er eine Mäh", möchte man mit den Worten des von Kurt Arnold Findeisen (1883–1963) dem Volksmund entnommenen Weihnachtsliedes ergänzen."

E. H.

Das lustige Weihnachtslied

Wenn's Weihnachten ist, wenn's Weihnachten ist,
da kommt zu uns der heilige Christ,
da bringt er eine Muh, da bringt er eine Mäh
und eine schöne Tschingterätetä.
Weihnacht, Weihnacht, Weihnacht
ist ein schönes Fest, eia!
Weihnacht, Weihnacht, Weihnacht
ist ein schönes Fest.

Wenn's Zuckerstangen friert, wenn's Zuckerstangen friert,
da kommt er lustig anspaziert;
da bringt er eine Hü, da bringt er eine Hott
und einen Gruß vom lieben Gott.
Weihnacht, Weihnacht, Weihnacht
ist ein schönes Fest, eia!
Weihnacht, Weihnacht, Weihnacht
ist ein schönes Fest.

Und hinter ihm, eija, und hinter ihm, eija,
Geleucht und Kling-Klang-Gloria,
mit Lichtern in der Hand, mit Lichtern in der Hand,
der alte fromme Bergmannsstand.
Weihnacht, Weihnacht, Weihnacht
ist ein schönes Fest, eia!
Weihnacht, Weihnacht, Weihnacht
ist ein schönes Fest.

Die Pfefferkuchenfrau, die Pfefferkuchenfrau
mit ihrem Mann aus Olbernhau;
er knackt ihr eine Nuss, er knackt ihr einen Kern
und hat sie, ach, zum Fressen gern.
Weihnacht, Weihnacht, Weihnacht
ist ein schönes Fest, eia!
Weihnacht, Weihnacht, Weihnacht
ist ein schönes Fest.

Und Engel hinterdrein, und Engel hinterdrein
mit Glitzerglanz und Kerzenschein,
die singen: „Valeri", die singen: „Valera,
der liebe heil'ge Christ ist da!"
Weihnacht, Weihnacht, Weihnacht
ist ein schönes Fest, eia!
Weihnacht, Weihnacht, Weihnacht
ist ein schönes Fest.

Strophe 1: überliefert
Strophe 2–5: Kurt Arnold Findeisen

Ich wanderte zu den Spielzeugmachern

Ich wanderte an einem feinen, sonnenzarten Herbstmorgen von Zöblitz über die Höhen des Erzgebirges unter goldroten Ebereschen zwischen den frisch geackerten freien Felderbreiten nach Olbernhau ... In viele der kleinen Häuser hab ich dann hineingeguckt, aus den kleinen Stuben, den kleinen Verhältnissen heraus hab' ich mir die Spielzeug-Heimarbeit des Erzgebirges betrachtet. Dieser ganze betriebsame Erzgebirgsbereich steht unter den Zeichen des Spielzeughandels; die Städtchen Olbernhau und Grünhainichen sind seine Brennpunkte. Schon alle die Wagen, die auf den Ebereschenchausseen an mir vorüberfuhren – Stammfuhren, Bretterfuhren, Kistenfuhren –, mahnten daran. Und viele Fußgängerinnen mit hoch gepackten Tragkörben und schiebendem Gang. Die wollten heute, an einem Sonnabend, alle gleich mir nach Olbernhau oder weiter, nach Seiffen hinauf. Sonnabend ist Ablieferungstag bei den Großkaufleuten, den Verlegern, die die Heim- und Handarbeit der Häusler bestellen und kaufen.

Die eine Frau trug Kindersäbel in ihrer Kiepe, fünfzig Schock [3000 Stück !!], eine andere ebenso viel Puppenstubenkanapees und kleine Stühle. Gern enthüllte sie die vor mir. Dazu folgende Angaben über Arbeit und Lohn: Für das Schock Säbel – etwa 30 cm lange, mit drei Farben gestrichene Kindersäbel – bekommt sie 18 Groschen. 12 davon bekommt ihr Arbeiter, der ihr das Holz zersägt, „spellt", auf der Schnitzbank zuschneidet. Sie selbst bemalt die Säbel bunt und leimt die Griffe an. An einem Säbel hat sie einen Pfennig Verdienst, dafür muss sie aber noch die Farbe geben. Ähnlich stellt es sich bei den kleinen Stühlchen und Kanapees. Deren Bestandteile sägt und schnitzt der Arbeiter en gros zu. Die Frau leimt sie, bemalt sie mit glänzend brauner Leimfarbe, versieht sie mit Sitzen und rotem Zitz und einem Goldpapierbörtchen. Und da gibt es für das Schock kleiner Stühle fix und fertig 25 Pfennig, den Lohn für den Arbeiter und die Materialen inbegriffen. Staunende Frage: – Ja, wie sie dabei bestehen könnten – Die Antwort klang nüchtern, gemütlich, ganz so, wie die Frauen auch aussahen: „Mir san zafrieden!" – „Die Menge muss es bringen", erklärten sie. „'s muss federn! Man muss arbeeten! 's geht schockweise! Zehn Schock am Tag muss man fertig kriegen, und an den Abenden muss man mehr arbeiten als am Tag; vom frühen Morgen muss man arbeiten bis in die sinkende Nacht!" – „Mir san's gewohnt. Mir dun's gern, 's darf einem nicht zu viel werden." Bei einem guten Artikel können sie, wenn sie jede Minute des Tages zusammennehmen, bis zu 15 Groschen Reinverdienst haben. Bei zehn Schock Stühlchen kommt's ungefähr so heraus. – „So schtraff gaht's freilich nich jeden Tag –" Zehn Schock – 600 Stühle! Wie denn das möglich sei? – „Ja, die Übung macht's! 's geht alles reihenweise." Ich sollte sie nur besuchen und mal zusehen, wenn ich wieder nach Zöblitz käme. Das hab ich dann auf der Heimwanderung auch getan.

Vorher aber – mein Interesse an diesen einfachen merkwürdig abgefundenen Leuten und ihren Lohnverhältnissen erwachte mehr und mehr, vielleicht gerade, weil sie nicht klagten – sah ich in mehreren andern Orten, durch die ich auf meiner Herbstreise strich, in die kleinen Stuben der Spielzeugarbeiter hinein. Man kann das, ohne aufdringlich zu sein. Die Leute finden es gar nicht verwunderlich, reichen einem würdig und freundlich die Hand, sagen und zeigen einem mit einem gewissen Stolz und Selbstrespekt, was sie können und leisten. Jeder Einzelne fühlt sich nämlich als etwas Besondres, eine Art Berühmtheit. Das kommt daher, dass jeder irgendetwas am besten kann und sein Fach als Spezialität betreibt. Eine Frau fertigt nur Hühnchen, kann nur Hühner fertigen und bleibt bei ihren Hühnern. Einer schnitzt Schafe, ein anderer nur Pferde … Wie jeder Schnitzer, so hat auch jedes Dorf seine Spezialität: die über dem Wald auf der herben Höhe gelegenen Dörfer Seiffen und Heidelberg Tiere, Olbernhau Bäume und Häuser, Seiffner Grund Eisenbahnen und Menschen, andere Orte Wetterhäuser, Kochgeschirr, Sofas, Stühle, Säbel. Aus Seiffen kommen aber auch die reizenden Miniaturwagen, die in Dresden so gefielen, und zwar aus den Händen einer runden, ruhigen behaglichen Frau mit schön geformten, spitzfingrigen Händen. Seit ihren Kinderjahren baut sie diese winzigen, sauber gebauten Gefährtchen, kleine Stein-, Stamm-, Sand- und Heufuhren, Möbel- und Postwagen genau wie die Ebereschenlandstraße sie zeigt ...

Heute noch schnitzen in den Heimarbeiterfamilien trotz des so berechtigten Einspruchs eifriger Volksfreunde neben den Erwachsenen auch noch Kinder. Sobald wie möglich müssen die's lernen. „Am liebsten im Bischbettel", heißt es von den Barbierkindern in Seiffen. Die müssen all fest am Schnitztisch sitzen. Im kleinen Hausflur liegen die Reifen in kleinen Türmen aufgestapelt, und in der oberen Röhre des Stubenofens über der Kaffeekanne und dem Erdäpfeltopf trocknen in hohen Haufen die Pferdegeschlechter. Ein etwas zu reichlich geratener Trupp wilder Rangen sind das, berühmte Luftikusse. „Wenn sie dasitzen und arbeiten, machen sie wenigstens keine Dummheiten", belobt sie ihre Mutter. „Ich kann nicht auf sie aufpassen, wenn sie sich auf der Landstraße 'rumtreiben und balgen. Selber durchbringen könnten wir sie auch nicht. Da müssen sie eben arbeiten!" – Vielleicht in diesem Falle eine beachtenswerte Erziehungsmethode und eine angenehme Entschuldigung der kräftevernichtenden Kinderhausarbeit, der ich natürlich keinesfalls das Wort reden möchte ... Den Kindern die Arbeit abschneiden, hieße den Eltern das Brot nehmen und den Kindern die Zukunft, den Erwerbszweig einfach töten, meint der Erzgebirgler ... Wenn übrigens den jungen Schnitzern durch eine treffliche Fachschule wie in Seiffen noch Gelegenheit zur Fortbildung geboten ist, steht es ihnen sogar frei, wirkliche Künstler zu werden. Mancher möchte es wohl auch. Nur – „Herr Oberlehrer, käfen Se mer'sche ab?!", fragt der junge Fachschüler, der sich über die erzgebirgischen Spielzeugtypen an künstlerische Tierstudien wagen soll, seinen Meister ironisch. Da liegt's: Was über die alte Massenware hinaus geht, findet keinen Absatz. Einige Fabriken in Grünhainichen versuchen tapfer, noch mit recht mäßigem Erfolg, modernes Künstlerspielzeug einzuführen …

Einmütig, verträglich, sogar unter trockenem Scherz und Witz sitzen ganze Familien oft am Schnitztische beieinander. Weder zum Vielessen noch zum Lamentieren über Wenigessen reicht die Zeit; Küchen gibt's in den kleinen Häusern gar nicht. Das Essen ist in einer vom Standpunkt der Volksgesundheit sehr beklagenswerten Weise Nebensache geworden. In den Stubenöfen steht die Kanne mit dem Malzkaffee und kochen die Kartoffeln. „Auf die paar Erdäpfel können wir uns verlassen", sagt der Erzgebirgler, und der Wochenzettel nennt eben einfach Kartoffeln, in stolzen Abwechslungen, als „Götzen" = Buttermilch mit geriebenen Erdäpfeln, „Bambes", Erdäpfel mit Schneiderkarpen (Bückling) – als „Rarität" einmal einen „Rauhemad", geriebene Erdäpfel in Leinöl gebacken. „Wer'sch hat, dud ä bissl Spack ran." Fleisch gibt's nur Sonntags – oder auch nicht …

Ich habe mich auch ein wenig bei den Verlegern in den großen Lagerhäusern umgesehen. Dass der Abnehmer, der die großen Sammelspeicher schafft und die Arbeitsvermittlung in die Hand nimmt, auch in einem Häuschen gleich dem des Heimarbeiters wohnt, ist wohl kaum zu verlangen. Aber ihr Dasein schien mir durchaus keine Protzensache. Rührige Arbeit und Intelligenz gehören dazu, um die Berge der Einzelartikel zu dem reizenden billigen Sammelsurium der Schachtelspielzeuge zu mischen und in alle Welt hinaus auf den Markt zu bringen, für Reiche und Arme. Wie viel Kinderglück wandert da hinaus, wie viel Weihnachtsjubel …

Frida Schanz

Unterwegs in den Weihnachtsdörfern

Über weiße Hänge und Ebenen weithin verstreut, in weißen Tälern lang aufgereiht liegen die Dörfer: Heidelbach und Einsiedel, Heidelberg und Oberseiffenbach, Seiffen und, nach langer Wanderung über windgeglättete Höhen, das böhmische Katharinaberg wie ein aufgestelltes Spielzeug auf steilem Hügel, mit einem kleinen Marktplatz, in dessen Mitte ein Heiliger seinen besternten Goldreif über einer Schneekappe trägt.

In den Gaststuben Böhmisch-Einsiedels sitzen an den Feiertagen fröhlich gedrängt die Seiffener Spielzeugschnitzer und Handelsleute mit ihren Frauen. Sie trinken das schaumflockige böhmische Bier, essen heiße Extrawurst mit Kren und zahlen mit rosa und blaugefärbten Kronenscheinen. Das böhmische Schankmädel packt uns leckere Fleischwurst zum Mitnehmen in die Weihnachtsnummer des Brüxer Tageblattes ein. Bei seinem Wurstpaket sitzt man noch lange, trinkt helles Bier und hört um sich die anheimelnde Mundart der Erzgebirgler. Es ist an keinem Tisch mehr Platz, aber über die Köpfe hinweg werden von Hand zu Hand Stühle gereicht und die neuen Ankömmlinge werden am Tisch auch noch untergebracht: „Mir rücken e' Finkel zamm." E' Finkel – das heißt: ein Fünkchen, ein wenig.

Und manch einer trägt am Abend einen ganz kleinen Spitz zollfrei über die Grenze.

Am Heiligabend gingen wir hinunter ins Tal nach Seiffen.

Die kleinen Häusel am Hang stehen weich und flach im Schnee. Man glaubt, man kann sie am Schornstein anfassen und woanders hin in das wattige Weiß stellen. Manchmal wächst eine einzelne Fichte hoch über das weiße Dach hinaus. Immer wieder erinnern die Häusel an das Spielzeug, das in diesen Dörfern gedreht und geschnitzt, geleimt und bemalt wird. Ein Reh, ein spitzes grünes Bäumchen, ein weißes Häusel aus den Händen eines Seiffener Spielzeugschnitzers – in drei solchen bunten Sächelchen ist der herbe Reiz der erzgebirgischen Landschaft geheimnisvoll eingefangen, ist Landschaft, Mensch und Werk, die Schlichtheit aller drei zu einer einfachen Einheit verbunden.

Vor mir steht eine kleine Gruppe winziger Figuren, die alle zusammen in einer Streichholzschachtel Platz haben. Drei grün gekräuselte Bäumchen, ein Hirt im blauen Kittel und eine weiße Kuh mit himmelblauen Flecken und gelben Hörnern – es ist eine wahre Vergissmeinnicht-Kuh. Sie erinnert mich an die Weihnachtsdörfer im Schnee, an die saubere Armut der Stuben, in denen das bunte Spielzeug entsteht, an liebenswerte Menschen, die den Kindern näher sind, als sie selber wissen.

In der Werkstatt eines Seiffener Spielzeugmachers stehen ernsthafte Maschinen. Kreissägen, Hobelmaschinen, Bandsägen, Drehbänke. Ein elektrischer Motor treibt sie. An diesen Maschinen entstehen jahraus, jahrein, Tag für Tag winzige Quirle, Rührlöffel, Fleischklopfer, Nudelhölzer, Schneidebretter, Wiegemesser für die Puppenküchen kleiner Mädchen. Manche dieser Liliputgeräte sind nicht länger als ein Streichholz. Aber alle sind so sauber gearbeitet wie ihre „erwachsenen" Vorbilder. Man ist versucht, sich die Taschen mit diesen kleinen Dingen vollzustopfen, so verführerisch sind sie in der sauberen Glätte des weißen Holzes. Und wie der Schnitzer das kleine Zeug in die genarbten Finger nahm und wie es ihn selber freute, mir die zierlichen Dinge zu zeigen, fragte ich mich wieder mit einem Bejahen schon in der Frage, ob nicht die Menschen, die den winzigen Spielkram für zerstörerische Kinderhände mit so viel ernsthafter und herzlicher Hingabe erfinden und anfertigen, ob nicht in diesen Menschen ganz innen ein Kindersinn arglos wachgeblieben sein muss, unzerstörbar für den groben Zugriff des Lebens.

Ein Figurenschnitzer, den wir besuchten, war noch dabei, seine Weihnachtskrippe aufzubauen. Unter seinen Händen entstand aus Moos und Baumrinde die palästinische Landschaft mit dem Stall zu Bethlehem. Aus dem Moos wuchsen schon Palmen auf schlanken Kokosfaserstämmen. Der Schnitzer breitete vor uns die Figuren der Geburt im Stall, der Darstellung im Tempel, der Flucht nach Ägypten und des bethlehemitischen Kindermordes aus. Er hat sie alle selbst geschnitzt und jede Figur ist ein kleines künstlerisches Werk: Maria an der Krippe und Maria auf dem Esel, Herodes in der Pracht eines Kartenkönigs, römische Landsknechte in fantastischer Rüstung. Joseph mit der Zimmermannsaxt und der grünen Schürze eines erzgebirgischen Dorfstellmachers, Hirten mit ihren Schafen und die Weisen aus dem Morgenlande, angetan mit aller Pracht, die ein armer erzgebirgischer Schnitzer erträumen kann.

Eine junge Frau in unsrer Wintergesellschaft streute lachend einige leichte Frivolitäten über die frommen Figuren. Aber an dem alten Schnitzer mit den Kinderaugen perlte das ab wie Wassertropfen an weißem Gefieder. Und die junge Frau wollte im Ernst gar nicht spotten. Sie nahm die winzige Krippe mit dem rührenden Strohbett in die Hand und strich darüber hingebeugt mit einem Finger dem geschnitzten Jesuskindlein liebkosend über das erbsengroße nackte Bäuchlein. Und der alte schimmelhaarige Schnitzer, an dessen blauer Schürze gekräuselte Schnitzspäne hingen, und die junge Frau mit dem Kindlein zwischen den Fingern sahen jetzt beinahe selber aus wie Joseph und Maria.

Mittlerweile ist der Abend auf das weiße Dorf gesunken. Wir gehen über knirschenden Schnee im gelben Fensterschein der kleinen Häuser. Die Glocken rufen zur Christmette.

Das weiße Schneezelt des Daches der kleinen Kirche am Talhang ist in der blauweißen Dämmerung verschwunden. Um den unsichtbar gewordenen Turm über den weißen Dächern schwebt im Dämmerschein ein holder weihnachtlicher Zauber. Ein Kranz gelbschimmernder Laternen ist angezündet worden, und eine einzelne Laterne hängt darüber in der Laube des Turms wie ein friedlichwarmer Stern.

Um ein verschneites Haus im Schneelicht kommt leise schaukelnd eine bunte Laterne, eine zweite, eine dritte, eine vierte, fünfte, sechste – ein ganzes wallendes wandelndes Beet leuchtender Blumen schwebt langsam über den

Schnee auf uns zu. Laternen, in deren dunkle Gehäuse Bilder eingeschnitten und mit durchscheinendem Buntpapier hinterlegt sind. Grüne Tannen, rote springende Hirsche, erzgebirgische Häusel im Schnee, Hirten unterm Stern, Maria an der Krippe, Schäfchen in grünen Ranken und Glocken über weißen Hütten. Durch das Papier schimmern die Kerzen im Innern der Laternen. Die Bilder glühen sanft wie die bunten Fenster erleuchteter Kirchen in der Nacht. Sie ziehen an uns vorüber, und unter den Laternen gehen Schüler der Spielwarenschule mit angeleuchteten Gesichtern. Sie ziehen den Berg zur Kirche hinauf und wir mit ihnen.

Die kleine Kirche ist gedrängt voll. Viele Kinder sind da. Jedes Kind hat ein brennendes Licht mit einem flüssigen Tropfen vor sich auf das Brett geklebt, auf dem sonst die Gesangbücher liegen. Wenn man vor den Bänken steht, sieht man die brennenden Kerzen nicht, man sieht nur die Kindergesichter im Licht, und nur in den Augen spiegeln sich die Flammen als blanke Fünkchen.

Glitzernde Glasleuchter brennen, und um den Altar strahlen grüne Weihnachtsbäume. Die Schüler mit ihren Laternen gruppieren sich dort. Manche sind auf die Emporen gestiegen. Überall glühen die Laternenbilder wie bunte Fensterchen.

Die Orgel füllt das kleine runde Schiff mit feierlichem Brausen. Die Gemeinde singt. Es ist ein Reis entsprungen aus einer Wurzel zart …

Die angeleuchteten Kindergesichter füllen das Schiff und die Emporen wie eine zarte Wolke. Sie sehen wie singende schwebende sixtinische Engelsköpfe aus, und manch eine helle Mädelhaarschleife wird zum leichten Flügelpaar. Der Atem der Singenden geht über die vielen Lichter hin, die Flammen wehen und neigen sich dem Altar zu wie leuchtende Blumen einer himmlischen Wiese. Aus dem Leuchten schwebt das Lied über die dunklen Wogen der Orgel hin: Das Blümlein, das ich meine, das duftet uns so süß, mit seinem hellen Scheine vertreibt's die Finsternis … Das Dorf liegt still und weiß zu Füßen der singenden

Kirche. Die beschneiten Dächer verschwinden im Schneelicht der sternenklaren Nacht. Man sieht nur die schwarzen Schindelgiebel mit den eingeschnittenen gelben Fenstern wie Zelte im Schnee stehen. Darüber schwebt der La-
ternenkranz der unsichtbaren Kirche wie ein magisches
Zeichen des Friedens in der blauen Nacht. In mancher der
Stuben hinter weißen Rollvorhängen duften um diese
Stunde die neun Gerichte, das bedeutungsvolle „Neunerlei" des Heiligen Abends, Hagebuttensuppe, Kartoffelsa-
lat, Würstchen mit Sauerkraut, Gänsebraten, Apfelmus
und andere Gerichte in überlieferter Folge in Töpfen und
Pfannen, die das ganze Jahr über nicht ein Mal so reich be-
schickt in den Ofen geschoben werden wie zu Weihnachten. Das winterliche Fest ist die hohe Zeit dieser Dörfer, in
denen der Weihnachtsmann der Kinder seine rastlos arbei-
tenden und nur zu Weihnachten einmal tagelang ruhenden
Werkstätten hat.

Das Dorf liegt hinter uns. Wir stapfen durch tiefen
Schnee aufwärts. Von der Höhe kommt uns ein Schlitten
entgegen. Von Weitem sieht man nur ein wandelndes Licht.
Dann, als der Schlitten nahe ist, wächst das Pferd schatten-
haft und groß vor der Laterne auf. Unter den Hufen stiebt
der beleuchtete Schnee wie ein gelber wallender Teppich.

Knirschend und klingend zieht der Schlitten im Schritt
an uns vorüber. Aus Ferne und Dunkel weht noch ein
Weilchen das gedämpfte Klingeln der Schellen über die
weichen Betten des nächtlichen Schnees, klingt noch einmal wie ein Klang der silbernen Sterne und verstummt.

Das Tal unter uns schwebt in weißem Scheine. Wald
zieht wie blasser Wolkenrauch drüben hoch. Jenseits
schimmern die verstreuten Lichter von Oberseiffenbach,
flimmernde gelbe Sternchen im Schnee unter den funkelnden Silbersternen der kalten klaren Winternacht.

Eine allein stehende Hütte schiebt sich vor uns hinter einer Schneewehe auf. Das verschneite Dach liegt wie eine
weiche Decke über dem schwarzen Giebel. Eine hohe kah-
le Lärche steht am verschneiten Zaun. Das feine Gezweig
ist wie nur geträumt an den nachtblauen Himmel gezeich-

net. Genau über dem Dach, tief am sonst sternelosen Horizont, leuchtet der Abendstern, in der klaren Luft unwahrscheinlich vergrößert und mit kristallischen Strahlen blitzend.

Aus den kleinen Fenstern fällt gelber Schein in den Schnee. Er zeichnet den Schatten des Zaunes auf das weiße Feld. In der Stube, von großen Schatten umhangen, sitzen Menschen um den Tisch. Der Kopf des Mannes verdeckt die Lampe. Man sieht nicht, dass die Menschen miteinander sprechen. Sie sitzen auch nicht beim Mahle. Schweigend umgeben sie das Leuchtende in ihrer Mitte, das ihre Gesichter hell macht und das Haar um den Kopf des Mannes in einen Schein verwandelt – unwillkürlich sieht man nach dem blitzenden Abendstern, der wie ein strengerer Stern von Bethlehem über dem weißen Dache steht.

Und dann umgibt uns die blanke schweigende Nacht. Die weißen Flächen steigen im Ungewissen in den Himmel. Die Zwinge des Stocks knirscht im Schnee. Es klingt wie das leise erstickte Klagen eines irrenden Vogels in der raumlosen Nacht.

Vor uns steht weiß und geheimnisvoll verhangen der Wald, hinter dem das gelbe Fenster des Gasthofes den Zuschlupf in die Wärme eines knisternden Herdfeuers verspricht.

Klein und still und froh unter den hohen Wundern der weißen Weihe-Nacht, von der Kälte umsungen, stapfen wir darauf zu.

Edgar Hahnewald

A Kinnerspiel gehört ins Stöbel nei,
Vun Lechter an dr Deck dr Kerzenschei'
Un schie Geläut vu drübn aus dr Kärch,
Do is es Weihnacht ausn Arzgebärg.

Anna Wechsler

„Mr ham ah sachzn Butterstolln"

Von erzgebirgischen Weihnachtsgenüssen

Weihnachten im alten Erzgebirge. Auch wenn die Region als karg und ihre Bewohner als eher arm galten, so war das doch ein Fest mit besonderen Genüssen. Im berühmten Heilig-Ohmd-Lied ist schon um 1820 vom festlichen weihnachtlichen Schmausen die Rede, vom Neunerlei, von „Worscht un Sauerkraut", von der „Semmelmillich" und von „sachzn Butterstolln", vom „Schwammetopp", vom „Kannl Bier" und vom „Wei", der „statts Wasser" „läft".

Es gab wohl kaum eine erzgebirgische Familie, für die die Adventszeit nicht mit der aufwendigen Stollenbäckerei verbunden gewesen wäre. Ein guter Weihnachtsbraten, sei es vom Stall- oder Kuhhos'n, von der Gans oder vom Hahn, gehörte ebenso zum Fest wie die unerlässlichen „Griene Kließ", die das Erzgebirge ebenso wie Oberfranken, das Vogtland und Thüringen als Nationalgericht betrachtet.

Nicht nur wegen der „Pfefferkuchenfrau aus Olbernhau", die Kurt Arnold Findeisen (1883–1963) unsterblich gemacht hat, gehörten „Pfafferkuchn" seit alters her untrennbar zur Advents- und Weihnachtszeit. Die Ausstechformen dazu kamen bis in die Zeit der DDR aus Crottendorf, das auch einer der Orte mit alter Räucherkerzentradition ist.

Das „gemeinhin Menschliche" – zu dem der sächsische Kulturhistoriker Otto Eduard Schmidt (1855–1945) neben Scherz und Spiel auch Essen und Trinken zählte – kam im alten Erzgebirge keineswegs zu kurz, sodass „sachzn Butterstolln, su langk wie de Ufnbank" für eine einzige Familie als durchaus glaubhaft erscheinen.

E. H.

Aus dem Heilig-Ohmd-Lied

Mr ham ah sachzn Butterstolln,
Su langk wie de Ufnbank;
Heit werd emol gefraßn wärn,
Mr warn noch alle krank.

Mr hom ah Neinerlah gekocht,
Ah Worscht un Sauerkraut;
Mei Muttr hot sich ogeplogt,
Die alte gute Haut.

Rik, brock de Samml-Milich ei,
Nasch obr net drfu,
Ir Gunge warft kan Respel roh
In's heilge Ohmd Struh!

War is dort übrn Schwammetopp?
Nu Henr härste net!
Nu wart ner, wenn dr Votr kimmt,
Musst wahrlich nauf ze Bett.

Lob, hul geleich bei dr Hannelies
Ne Votr sei Kannl Bier,
Noch, wenn de kimst, do singe mir
„Ich freue mich in dir".

Ne heiling Ohmd zr Mitternacht,
Do läft statts Wasser Wei,
Un wenn mr sich net fürchten tet,
Hult mr en Topp vull rei.

Alterzgebirgisch, um 1820; der Amalie von Elterlein zugeschrieben

Es fing an mit der Stollenbäckerei

Es fing an mit der Stollenbäckerei, im November vereinbarte man beim Bäcker den Backtermin, der dann zwischen dem Totensonntag und der vierten Adventswoche lag. Oft war es an einem Wochenend, denn da war die Backstube frei.

Am Abend vor dem Backtag wurden Rosinen verlesen, gewaschen durften sie nicht werden, nur mit einem sauberen Tuch abgerieben. Es wurden süße und bittere Mandeln gebrüht, abgezogen und mit dem Wiegemesser zerkleinert,

Citronat sowie Orangeat geschnitten, Zucker und Butter abgewogen. Das Mehl gab der Bäcker wegen der gleichmäßigen Temperatur in der Backstube. Am Backtag früh wurde dann noch die Milch warm gemacht. Alles trug man in einem Wäschekorb zum Bäcker. Meine Mutter band sich eine große, weiße Schürze um, sie hatte große Falbeln an den Armlöchern. Viele Frauen waren beim Bäcker schon versammelt und erzählten sich alles Mögliche und Unmögliche, jedenfalls war es ein richtiges Geschnattre. Der Bäcker nahm sich alle Zutaten, und wenn er sich beim Kneten des Teiges mal umdrehte, wurde heimlich noch ein Stück Butter in den Teig geworfen, damit der Stollen recht schön schwer werde. Dann fragte der Bäckermeister, ob man den Stollen gerissen oder übergeschlagen haben wollte. Beim gerissenen Stollen war die Butter- und Zuckerschicht obendrauf dicker. Zuletzt wurde ein Stück weggenommen für einen runden Kuchen, ich glaube, geriebene, gekochte Kartoffeln gehörten noch rein. Die ganze Herrlichkeit bekam Holzschildchen, auch Stollenzeichen genannt, eingesteckt, denn jede Frau wollte natürlich ihren, den besten Stollen, haben.

Abends wurde der fertige Stollen geholt und kam in den Keller in eine Holzwaschwanne.

Der Anschnitt erfolgte traditionsgemäß erst am 1. Feiertag, nur der runde Kuchen wurde sofort noch am Abend probiert. Stollenkosten war auch üblich bei Bekannten und Verwandten. Je mehr Stollenkosten, desto besser geht es uns im nächsten Jahr, aber man soll es nicht so übertreiben wie es das erzgebirgische Heilig-Abend-Lied sagt, das wir übrigens auch schon in unserer Kinderzeit sangen: „Mer ham a sachzn Butterstulln so lang wie de Ufnbank, un wenn mer die zsamm gassn ham, do sei mer alle krank."

Beim Transport vom Bäcker nach Hause durfte kein Stollen zerbrechen, ein Aberglaube besagt, dass dies sonst Unglück bringt.

Eva Alvers; aufgezeichnet von Günter Groß

's Christstullngubiläum

Ane halbe Stund vurn Staadel, uhm an Wald log 's Schmie-
delvorwerch, dorten wuhnet der Schmiedelkarl mit senn
Gettel un senn Haardel Kinnern, 's war'n racht eefache Leit,
de Schmiedelleit, macheten kenn Krom, 's ganze Gahr
wörgten un plogten se sich orndlich un kame salten amol ins
Staadtel rei. Wenn se aah sist kenn Aufwand macheten, ober
ze Weihnachten do wur tüchtig gebacken, 's Gettel hot dos
Stull'nrezapt noch vun ihrer saaling Mutter gearbt, se machet 'n Teeg allemol salber, un der Karl spannet zwee Tog
vurn heiling Ohmd früh üme sechse rüm sei Pfaar ei un fuhr
de Teegwann un 's ganze Zeig, wos derzu gehäret, rei ins
Staadel zun Lammelbäck an Mark', un de Stull'n gerieten aamol su gut wie's annre Mol. Wenn se hernooch fartig verzu-
ckert in der Kammer derhäm loong, sooch's gerad aus, als
wenn mer übersch Aarzgebörg wag guket, lauter verschneite Bargrücken, äner naam annern. A wahrer Stoot. Su sullt's
nu aah dosmol waar'n. Heier ze Weihnachten war'sch 's
fümfezwanzigste Mol, doss se Stull'n buk. An halb'n Zant-
ner Maahl wullt se ahsetzen. Seit halb dreie war'sche schie
auf, hot's Heefenstöckel gesetzt, hernoochens 'n Teeg gemacht. Er war schie aufgange, un nu wur alles zammge-
packt, wos gebraucht wur zun Kuhngauftue, wie Quark, geriebene Kaas zun Kaaskuhng, Zirup, a Tup eigequerlte Eier,
zur Eierschack. De größte Sorg machet ihr der Stull'nteeg,
doss daar sich net derkälten tät, denn draußen hot's gefrurn,
doss der Schnee quieket. Auf die gruße Wann, wu der Teeg
drinne war, leget se a reens Tischtuch un dorüber ihr aag'nes
Deckbett, se hot's heit früh, wie se aus'n Bett kroch, racht
schie zugedeckt, doss 's racht schie warm blieb. Dan Kniff
wusst se aah noch vun ihrer Mutter, do kunnt der Teeg sich
net verkühl'n. Derweil hatt draußen aufn Huf ihr grußer
Gung, daar bei der Atullerie dienet un auf Urlaab derham
war, 's Füchsel in Schlieten eigespannt, un hielt vir der Haustür. Wie der Uswald, der Atullerist, häret, „morng früh
gieht's zun Lammelbäck", do wullt er dorchaus salber

fahr'n. De Mutter luß sich lieber vun Vater fahr'n, denn der Gung, dos wusst se schie, daar fuhr racht hitzig. Ober se wullt 'n de Freed net verdarm, denn der Uswald hatt a Aag auf der Lammelfrida, de Bäckentuchter, un se hatten nischt dergeeng. Nu wur der ganze Krom eigeloden, un naus gieng's zun Huf, geleich über de Winterbah über de verschneiten Falder, in grußen Bug'n um der Schul nüm un rei aufn Mark'. 's Füchsel, dos a paar Tog nischt gemacht hatt, loff wie der Teifel. Wie der Uswald den Mark' raufgebrescht kam, machet de Lammelfrida gerod den Bäckerloden auf, nu wullt sich der Uswald als rachter Fahrer saah lossen un zug de Zügeln su gaahlings ah, als hätt sei Hauptma kummandiert: „Batterie halt!" Dos nahm ober 's Füchsel krumm, 's war doch kee Suldatenpfaar, un a aarzgebörgscher Kastenschlieten is kaa Kanon. Erscht karzengerod in der Höh, dann a Sprung nooch der Seit, un rummbumm! do log de ganze Beschering in Schnee. Ze unnerscht 's Gettel mit n Handkorb, daar loff der Zirup, der Quark, de Eier un alles nazamm, wos asu zun Kuhngbacken gehärt, über Hals un Gesicht. Auf Brust un Leib log ihr der schwaare Stull'nteeg, daar aus der Wann rausquull, un ze öberscht 's Faaderbett. Dos war an en Hoken an Schlieten hänge gebliem un vun uhm bis unten aufgeschlatzt. Wie der erschte Schrack vorbei war, halfen geleich de ganzen Bäckerschleit 's Gettel afürziehe, sist wär 'sche derstickt. Kaum war'sche für, do krieget se su änne Buset (Bosheit, Wut), doss se ihr'n Gung a Schall neihaaet. Noocherts wur der Teeg zammgerafft, un nu toten se in der Backstub alle mitenanner, asu gut als's giehe wullt, de Faadern, Töppscharbel, un Schneebatzen rauspeepeln. Nu wär er aah bale noch sitzen gebliem, ei verdeichsel, war dos a bissel Wörgerei. Dosmal wur'n de Stull'n net asu gruß und schie, wie sist, un der Kuhng war racht moger, weil 's meeste Auftuzeig nei in Schnee geloffen war. Un wie nu de Schmiedelleit de Feiertog Stull'n oßen, do mussten se noch öftersch a Faaderle oder a wing Töppscharbel aus'n Maul raustu. An sernsten ober argert sich der Uswald, weil er geleich vor seiner Frida a Schall kriegt hot. Se war ne aber derwaang immer noch gut.   A. Keller

123

Stollen backen

Die Hausfrau hat bekanntlich nun
als Bäckerin gar viel zu tun,
weil sich ein echtes Weihnachtsfest
nicht ohne Stollen denken lässt.
Da darf sie Ei und Mehl nicht schonen,
sie braucht Korinthen und Zitronen,
Gewürz und Zucker kiloweise
zu der famosen Stollen-Speise.
Teig muss sie kneten dann und rollen
für Mandel- und Rosinenstollen,
kurz, ihre ganze freie Zeit
ist edler Backkunst jetzt geweiht.

Die Arbeit ist kein Kinderspiel,
denn nicht nur Gutes, nein, auch viel
gilt's, wie bekannt, in allen Fällen
von solchem Backwerk herzustellen.
Denn was so in den Feiertagen
vertilgt wird, das ist kaum zu sagen,
beim Kaffee im Familienkreise
verschwindet Stollen massenweise.
Und eh' das Fest drei Tage währt,
ist schon der Vorrat aufgezehrt.
Es bleibt auch nicht das kleinste Stück,
auch nicht ein Krümchen mehr zurück.
Und doch, man soll nicht übertreiben,
es pflegt doch was zurückzubleiben
vom Stollen in den Feiertagen,
und das ist ein – verdorbner Magen!

Kirchberger Tageblatt,
Nr. 293, 19. Dezember 1913

Ein Geruch, der zum Singen anregt

Ein paar Tage vor Weihnachten, Krieg hin, Krieg her, buken alle Familien wie jedes Jahr ihre Weihnachtsstollen. Abends wurde das Hefestückel angesetzt, früh um viere knetete Großmutter in dem großen emaillierten Asch, in dem sonst Wäsche gewaschen wurde, den Stollenteig, das war ihr Privileg. Vormittags wurde der Teig zum Bäcker gebracht. Nachmittags gegen viere, fünfe fing es an, unsagbar gut zu riechen im ganzen Ort. Um fünfe, sechse zogen die Leute mit Schlitten und Körben durch die sauber verschneiten, dunklen, schneehellen Straßen und Gassen zum Bäcker, einander mit munteren Zurufen bedenkend, die Christstollen abzuholen. Wenn Schlaraffenland einen Geruch gehabt haben sollte, er wird nie erwähnt, was die Wahrheit der Geschichte stark beeinträchtigt, dort und damals konnte ihn jeder wahrnehmen. Der Geruch machte alle Leute aufgeregt, er war da in den Gassen, auf den Plätzen, in jedem Haus, auf dem Topfmarkt, dem Wochenmarkt, dem Frauenmarkt, wie ein großes Geheimnis, für das es keine Worte gab. Es war ein Geruch, der die Leute zum Singen anregte, und die Gesänge, will ich mal sagen, handelten nicht von diesem Geruch, sondern von anderen Sachen, aber sie meinten ihn, die Lieder lobpriesen ihn, und wo nicht, war er ihr Urheber. Das Singen und Musizieren in den kleinen Orten zwischen den immer noch ungeheuren Wäldern dort oben hatte eine geheimnisvolle Verbindung zu den schwindelerregenden vagabundierenden Düften, mir fiel das als Kind auf, ich habe nur nicht gewagt, es jemand zu sagen. Der Großmutter hätte ich es vielleicht anvertrauen können, denn die hätte: Richtig, mein Guter! gesagt, auch wenn sie nicht der Meinung gewesen wäre. Sie hielt viel von Zuspruch. Wenig vom Tadel.

Egon Günther

De Christnacht im Gebärg

Zur Weihenacht do is a Lahm
bei uns im Arzgebärg,
do freit siech olles, Gruß un Klaa,
blus off'n Weihnachtsbärg.
Ah butzt mohr do ne Lächter ah,
manch ahnnere d'e Parmett,
dr Lichterbaam därf a nett fahln,
sonst i's kaa Weihnacht nett.

Wenn d'r Weihnachtstisch is haargericht,
gieht's langsaam wähnk ins Bett,
unn sei de Aang halb zu getooh,
d'r Uhr ihr Klingeln weckt.
Langsaamm vom Himmel Flocken foll'n,
s's fei ah hammlich Lied,
driehm in der Kärch dr Lichterbahm
in hellen Glanz schu stieht.

Do warts de hächste Eisenbahn,
fix aus'n Bett, in d' Huß,
de Kärchglock ruft z'r Weihnachtsmääs
un bringt'n Weihnachtsgruß.
Gestalten sieht m'r geisterhaft
n' Waag zum Kärch'l gieh,
de Rübölblend strahlt's Morgenlicht
suh friedlich für siech hieh.

In de Heiser do ward a schu Lahm,
m'r sieht do Maa un Fraa,
drimm rimm stieh imme Lichterbaam
unn tuh noch mool besaah,
dos ja für geht's d'r heil'ge Christ,
unn wenn's ah noch su wänng,
ä'n Pfafferkung, a baar Nüss'
unn ah wos Warmes brängt.

D'r Maa, dar stimmt e Liedel ah
von sunnerbarer Art,
ihr Kinner, kummt vom Buden roh
unn habt ah dich'ge Frahd.
Eich hot dr heilge Christ beschaart
e Pfannl rauche Mad.

D' Kinner machen gruße Aang
unn hoppen in d'r Stub
fohr Fräden hie, fohr Fräden haahr,
se wissen nischt z soong.
Is Mädel hot ne Scharz gegriecht,
nee Pupp, nee warme Rock,
d'r Goung ah Wängel unn ä Pfaar
mit'n Mannel off'n Bock.

Nu gieht's erscht nah an Kaffeetisch,
do liegt schie aufgedeckt
ä mächtig gruß Rosinkenbrut,
m'r siehts, dann Mäulern schmeckt's,
doch eh ä Stück ward ageriehrt,
do falltens se d' Händ
unn danken Gott nach alter Art,
d'arn suh viel Wuhltat schenkt.

Wahrrlich su nee Zefriedenhät
giebt's in d' ganzen Walt
kä zweetes mohl, ob ihrs ah glabt,
alls wie im Arzgebärg.

Rino

Griene Kließ

Dr Dav war kaaner von dar Sorte Leit, die ihre paar sauer verdiente Pfeng ins Wirtshaus geschafft hobn. Naa, wenn dar emol Appetit of e Tippl Bier hatt, do mußtn abn de Kinner renne on e Krügel eham huln. När aane Leidnschaft hat dr Dav: Er tot gern, gut un viel assn. Wenn ne sei Milda e ganz gruße Frääd machn wollt, do gob's zen Mittogassn griene Kließ, Sauerbroten on Schwammebrie.

Do hot er sich esu richtig neigelegt. Acht sette Kugeln, die hot er nunner gelossn, on sich gar net derbei versaah.

Ze Weihnachtn ober gob's drei Tog lang – von Weihnachtsheiligobnd bis zen zweetn Feiertog – griene Kließ.

Nu kennt ihr eich emol ausrachne, wos dos vür Arbet war. Acht Kließ dr Dav, viere sei Milda un von sechs Kinnern aah e jedes viere. Do wollten fei Ardäppln geschält on aah geriebn sei. Do gob's abn wetter nischt, de Kinner mußtn tüchtig mit ra.

Esu kam's, doß de Milda e gruße Schüssel voll gewaschene Ardäppeln, drnabn e Schüssel mit Wasser, wu de geschältn neikame, in de Stub gestellt hot. De Kinner soßn drbei on mußtn nu die Ardäppeln schäln. Ober wie dos esu ist, wu e Haard Kinner beisammen is, do werd aah e wing Luderei getriebn. Ollemol, wenn die ludersch Gunge enn Ardäppel geschält hattn, hobn's ne in die Schüssel mit Wasser su neigepfaffert, doß de Määd ordntlich vollgepfetzt wurn.

Die hobn sich dos natürlich aah net gefolln lossn, on eh mer sich versog, tot of dr Stubndiel olles schwimme.

Dr Dav, dar noch übern Peremettaufbaue war, hot sich dos schu e Zeit mit agesaah, ober nu war is Mooß voll.

Esu wie se in dr Stubn soßn, aans noch ne annern, ging's klatsch, klatsch, klatsch, on e jedes hatt sei Taal wag.

Ruh war in dr Stub. När aa Gung hot sich vermauliert.

„Ich gehär doch gar net ze eich! Du hast mir gar kaane Fraunzn neizehaah", hot er gesogt. Dr Dav war ober kurz agebundn, er maant: „Mach kaa settes Gemaar, wos kimmst de ze uns, wenn's weliche setzt!"   Horst Gläß

Das gemeinhin Menschliche

Über dem tieferen Sinn des Ganzen wurde das gemeinhin Menschliche, Scherz und Spiel, Essen und Trinken, nicht vergessen.

Schon unter dem Lichterbaum lagen bestimmte Leckereien. Im weiteren Verlauf des Festes spielten uralte Volksgerichte eine große Rolle. Auf den Dörfern stand eine Semmelmilch den ganzen Tag auf dem Tische, in der Stadt war in meiner Jugend am Weihnachtsheiligabend ein Heringssalat und danach Stollen mit Rotweinpunsch sehr gebräuchlich.

Zu Mittag am ersten Feiertage war die mit Äpfeln und Beifuß gefüllte Gans, am zweiten Feiertage in wohlhabenden Häusern ein Hasenbraten oder ein mit Butter gesottener Karpfen die unerlässliche Grundlage der Feststimmung. Denn man darf nicht glauben, dass die erzgebirgische Küche, wenn man von den allgemeinen „Hungerjahren" wie 1847 absieht, so nach Armut und Verelendung roch, wie man es nach wehleidig beschriebenen Stimmungsbildern „aus dem sächsischen Sibirien" schließen könnte. Die alten erzgebirgischen Kochrezepte, die von Geschlecht zu Geschlecht überliefert werden, wirtschaften außer mit Kartoffeln auch mit einer genügenden Menge Fleisch und Fisch und mit so viel Butter, Milch und Eiern, dass es einer sparsamen Hausfrau dabei angst und bange werden kann. Und vollends heute ist die erzgebirgische Küche und Bäckerei so gut und gediegen, dass sie mit keiner anderen den Vergleich zu scheuen braucht.

Otto Eduard Schmidt

Pfafferkuchn

Über die Pulsnitzer Pfefferkuchen und über die Nürnberger Lebkuchen sind schon allerhand ganz wissenschaftliche Artikel und Aufsätze geschrieben worden. Meine Geschichte zur Weihnachtszeit soll nur erzählen, was mir so beim Verspeisen dieses herrlichen Gebäcks einfällt.

Die ersten Pfefferkuchen, die mir in frühester Kindheit begegnet sind und an die ich mich erinnere, waren „Pfaffernisseln" (Pfeffernüsse) und „Pflastersteine". Erstere waren etwa so groß wie ein Groschen, unten flach und oben halbrund, braun bis grünbraun, nicht glasiert, herzhaft gewürzt, jedoch meistens zwischen halbhart bis hart! Was machte das aber damals unseren Zähnen aus; ich bin solchen Pfaffernisseln leider nie wieder begegnet. Die Pflastersteine waren in der Form genauso, aber größer, etwa wie ein Fünfmarkstück, heller, so zwischen hell- und mittelbraun und oben mit einem Zuckerguss glasiert. Wie der Name sagt, waren sie hart, aber eben nur bei unsachgemäßer Lagerung, da konnte man sie wirklich „über's Haus schießen!" (Oder ein im Vorjahr darauf sitzen gebliebener Kaufmann drehte sie einem noch an!) Sonst waren sie mürbe und wohlschmeckend. – Übrigens, eine große, bekannte deutsche Gebäckfirma brachte im vorigen Jahr zum ersten Mal solche „efochn" Pfafferkuchn in verschiedenen Formen, mit und ohne e bissl Zuckerguss gemischt in großen Beuteln heraus. Die waren ständig ausverkauft und ich habe mich immer gefreut, dass de Leite de „feinsten Elisenlebkuchen auf Oblaten" emol satt hatten!

Zu diesen genannten beiden Sorten von Pfefferkuchen kam die damals für mich absolute Kostbarkeit, das „Schokoladenherz" hinzu, das meistens zu vier Stück in einem als Hexenhaisl ausstaffierten Karton war. Da kriegten wir zwei Jungs, der Hans und ich, je einen auf den Weihnachtsteller, die Mutter einen und einer kam wohl irgendwie in Reserve für Besuche oder so. Dabei wusste ich schon, der ich meinen Geburtstag so ungeschickt gleich nach Neujahr

hatte, dass der Mutter ihr Pfefferkuchenschokoladenherz auf meinem Geburtstagsteller lag, den sie mir früh in die Kammer ans Bettel brachte – die gute, liebe Mutter!

Damit wären die ersten Begegnungen mit den Pfefferkuchen auf dieser Welt eigentlich schon zu Ende, wenn es nicht in Seiffen oben eine alte Muhme gegeben hätte, die von Berufs wegen eine Pfafferkuchnfrau war. Es war die Mutter vom Bachmann-Bruno, einem nahen Verwandten; ich kann mich sehr gut an sie erinnern, obwohl sie gleich in den ersten der Dreißigerjahre gestorben sein muss. Die tat also mit Pfafferkuchn „hanneln" und trug in ihrem hell gescheuerten Tragkorb die feinsten Stücke vom Kaffee Göhlitzer aus Olbernhau und vom Kaffee Winkler in Neuhausen in die „besseren Haiser". Für uns blieb dann beim nächsten Besuch wohl nur eine vom Weihnachtsgeschäft übrig gebliebene Katzenzunge mit Schokolade, die schon anfing trocken zu werden, aber unsere gar nicht verwöhnten Zungen spürten doch die selteneren, teueren Gewürze heraus, auch wenn wir ihre Namen noch nicht kannten.

Und da fällt mir ein, dass man auch den Zucker einst zu den Gewürzen rechnete und ihn als „süßes Salz" bezeichnet hat. Jahrhundertelang, ja, jahrtausendelang war Honig die ausschließliche Würze, bis der uns heute bekannte Zucker aus dem Zuckerrohr und der Zuckerrübe zur Verfügung stand. Mit dem eben genannten Honig beginnt nun eine Verbindung zwischen meinem Familiennamen und

den Pfefferkuchen, die weit über den profanen Konsum dieser Leckereien hinausgeht! Wir lesen in der alten Literatur bei Caspar M. Höfin in seiner „Rechten Bienenkunst aus bewährter Erfahrung", Leipzig 1614: „Eines der bodenständigsten Gewerbe Nürnbergs, die weltberühmte Lebküchelei, lässt sich unmittelbar auf die Bienenzucht zurückführen, in dem ausgedehnten Reichswald bei Nürnberg blühte sie in einem Maße, dass sie von Tausenden betrieben wurde und man den Wald als des Heiligen Römischen Reiches Bienengarten bezeichnete." Für diese Bienengärten waren die „Zeidler", die Pfleger der „Zeidelweiden", verantwortlich. Über alle Zeidler stand der „Zeidelmeister". Es gab ein besonderes „Zeidelrecht".

Man gewann seinerzeit den Honig und das Wachs nicht wie heutzutage aus Bienenstöcken, sondern ließ die Bienen in hohlen Bäumen, Felslöchern und anderen geeigneten Stellen des Waldes ihre Bauten anlegen. Die „Zeidler" hatten auch das Recht zum Tragen von Waffen, „sei es zur Abwehr von Bären oder herumfahrenden Volkes". – Als nach der Reformation der Wachsverbrauch in den Kirchen zurückging und auch der Honig zum Süßen der Lebkuchen und anderer Speisen durch den billigeren Rohrzucker verdrängt wurde, erfolgte ein allgemeiner Rückgang des Zeidelwesens, auch gingen die Zeidelgerichte ein. Im Vogtland findet sich die letzte Erwähnung der Zeidler als eines Standes 1533 in den Aufzeichnungen der Kirchenvisitatoren.

Gott sei Dank ist dann einer meiner Ahnen ins Erzgebirge ausgewandert, denn wie hätte ich sonst meinem Schulfreund, dem Helbig Hansl begegnen können, der ein Enkel vom Thümmel-Bäck war. Der Thümmel-Bäck verwahrte in einer Truhe auf dem geräumigen Boden seines großen Hauses Jahr für Jahr den „Urpfefferkuchen". Ich erinnere mich genau, dass wir, der Hansl und ich, nach einem unerlaubten großen Griff in die Truhe etwa spekulatiusartige Stücke in der Hand hielten und diese trotz des Staubes auf der Truhe und dem ganzen Öberboden honigsüß und mürbe waren, dabei streng gewürzt. Der Hansl versicherte mir damals glaubhaft, dass es der ‚Urteig' für alle Pfefferkuchen wäre – ich weiß aber bis heute noch nicht, wie das so geht, vielleicht kann mich einmal ein Bäck aus Eurer Mitte aufklären!

Eines weiß ich aber mit Sicherheit, dass so braune Pfefferkuchen, etwa 22 cm hoch und 9 cm breit in der Form einer oben runden Türe, beklebt mit einem „Stamber-Blümel" (einem bunten „Stammbuchbild" – kennt Ihr sie noch!?) *ewig* leben, weder schimmeln noch modern oder hart werden, ja selbst den feinen, bescheidenen Duft braunen Pfefferkuchens noch nach Jahren an sich haben. Ich weiß das genau! Der Wellmann-Bäck, der bald nach dem Krieg die Thümmelsche Bäckerei in Neuhausen übernahm (und erst in diesem Frühjahr gestorben ist), hat sie noch jedes Jahr in der Weihnachtszeit hergestellt und an Bekannte und Freunde verkauft. 1978 zum letzten Mal! In jedem Weihnachtspackel aus Neuhausen – oder fast in jedem – in den letzten 15 Jahren war einer drin. Zwei oder drei sind zerbrochen angekommen und wurden gegessen, sieben Stück sind unversehrt, und ich hüte sie bedächtig und sorgfältig. Jeder steckt in einer durchsichtigen Tüte mit einer Kordel und am Sonnabend vor dem ersten Advent hänge ich sie über meinem Schreibtisch an die Lampe, wo sie seit Jahren ihren Stammplatz haben. Ich hoffe und wünsche

Weihnachts- Liedel der Pfafferkuchenfraa

Worte und Weise von Hildegard Eckhardt

Liegn de Dör-feln ein-ge-schneit, is-ses wieder mol su weit;

ball mach ich men erschten Gang, ach dos Gahr war werklich lang!

Un ich sing mei Lie-del schie, weil ich su ge-lick-lich bi:

REFRAIN

1.-4. Mei-ne gu-ten Pfaf-fer-ku-chen müßt ihr al-le mol ver-su-chen,

Har-zeln, Kringeln un en Starn, je-der ißt se doch su garn.

2. Mit nen Körbel hinten drauf, giehts treppo un giehts treppauf
un de Kinner renne miet·nabn mir haar of Schriet un Triet?
Un ich sprach: "Ihr Luderzeich, in ner Stund bi ich bei Eich!"

3. In men Labn war älles schie, ób de Walt weiß oder grü –
ho gebacken in men Labn·nei in Taagen Weihnachtstraam·
Durchn Schnee sang ich mei Lied: "Kinner-Grüße·aßt nar miet?"

4. Steigt zun letzten Mol dr Duft nauf in unner Haamitluft,
pack men Korb bis übn naa voll,waaß schie,wus iu hie gieh soll!
Un ich klopp bein Petrus ah: "Tu bist Du mit Kaafen drah!"

F. T.

mir sehr, dass ich sie noch viele Jahre aus- und einpacken kann, und wenn Ihr sie sehen wollt, müsst Ihr herkommen, für ganz gute Freunde würde ich sie auch im Sommer auspacken.

Lasst mich Euch noch von den „Stamberblümeln" erzählen – ich habe mich immer wieder gewundert, wo sie der Wellmann-Bäck alle Jahre aufgetrieben hat. Da ist 1. der Rupprich im pelzverbrämten, roten Mantel mit Mütze, hohen Schnürstiefeln, einen Riesenpfefferkuchen in der einen und ein verschneites Tännlein in der anderen Hand. Im umgehängten Sack Äpfel und Päckchen, einen riesigen Rauschebart, den Schnauzer gezwirbelt wie ein preußischer Grenadier und in ebensolcher Haltung. Lest das noch einmal, macht die Augen zu und Ihr habt ihn leibhaftig vor Euch. Der 2. und der 3. Pfafferkuchn ist mit einem Jungen und einem Mädchen beklebt, die sind so fein angezogen und gekämmt, dass ich sie früher weder auf meinen Schlitten mitgenommen, noch in meine Schneebude hereingelassen hätte. Sie halten ihre Geschenkpäckchen so akkurat und tragen weiße Gamaschen über schwarzen Lackschuhen, dass ich sie einfach nicht mehr länger angucken kann! Der 4. ist ein ganz wunderbarer Schneemann, mit Kohlenaugen und -knöpfen, mit einem echten Birkenreisigbesen, einem Schlapphut, den wir auch in unseren alten Kleiderschränken hätten finden können, und einer so großen Nasen-Mohrrübe, dass ich meine, die sei im Unterland und nicht auf heimatlicher Flur gewachsen. Der 5. ist ein lustiger Gesell, den ich kaum einordnen kann, es scheint der „Pfafferkuchn-Junge" zu sein, rote, lange Strümpfe, blaue Hosen und eine blaue Schürze, die voller Pfefferkuchen ist, und auch ein Hexenhaisl ist dabei, selbst auf den Schultern hat er Pfefferkuchen und auf dem Kopf als Hut eine ganze Dose. Auf dem 6. läuft fast ein Rotkäppchen-Typ über die mit Fliegenpilzen besetzte Wiese. Am rechten Arm ein Henkelkörbchen voller Pflastersteine und auf dem Kopf ein züchtig Tuch. Auf dem letzten Bild, dem 7., eine kleine, blonde 5-Jährige in derben Schuhen und groben

Strümpfen, ein lustiges Halstuch über Mieder und Rock und ein ganz großes braunes Pfefferkuchenherz hochhaltend, auf dem mit Zuckerguss ein Ornament und eine Rose gespritzt ist. Ich habe diese Art von „Jahrmarktspfefferkuchen", die mit dickem, sehr hartem Zuckerguss versehen sind, nie leiden können. Sie sehen einfach nur gut aus und schmecken überhaupt nicht! –

Gottfried Zeidler

Un zun Heiling Ohmd dos Assen:
Neinerlaa stieht offn Tisch!
Ach, – mer möcht ball soong – ze frassen
Gibt's do Broten un aah Fisch!
Ich ho meiner Fraa gesaht:
Back mer när e rauche Mad!

Max Wenzel

„Glückauf, Glückauf!
Ihr Bergleut, freut euch alle!"

Von der erzgebirgischen Mettenschicht

Weihnachten im alten Erzgebirge. Das steht für bergmännisch geprägte Bräuche wie die Mettenschicht, die zumeist am 23. Dezember begangen wurde. Dabei handelte es sich um eine „standesbezogene Festlichkeit" (Bernd Lahl) wie Bergfest, Bergbier und Knappschaftsfest. Der Ablauf wurde vom „gemeinen Bergarbeiter" selbst bestimmt, sodass sich die Schichten je nach Grube voneinander unterschieden. Lahl spricht von dem Ernst und der Ehrfurcht, mit denen der erzgebirgische Bergmann den Mettenschichtstag beging, und fährt fort: „Ohne Zweifel war dieser Tag der Höhepunkt seiner bergmännischen Festlichkeiten im Jahreslauf." Die halbe Schicht wurde wie gewöhnlich verfahren, dann folgte der feierliche „Teil mit Bergmette, Beschenkung des Steigers und Bergschmaus", mit vollem Lohn für die ganze Schicht.

Eine Reihe von Berichten liegt über diese erzgebirgischen Mettenschichten vor, die heute noch vielerorts als „Traditionsschicht" begangen werden.

Die bergmännische Frömmigkeit findet ihren besonderen Ausdruck in Liedern wie dem Berg-Choral „Glückauf, Glückauf, Glückauf! Der Bergfürst ist erschienen" – der Bergfürst ist Jesus Christus, der für die Bergleute in einem anderen alten Lied auch „Ober-Bergmeister" war.

E. H.

Ein Berg-Weinachtslied

Glückauf, Glückauf!
Ihr Bergleut, freut euch alle,
der Bergfürst dieser Welt
hat sich nun eingestellt,
auf, eilt, ihr Bergleut, auf,
eilt, ihn zu bedienen;
auf, Knappschaft, komm zu Hauf.
Glückauf, Glückauf, Glückauf!

Überliefert durch Alfred Dost

Wie zen Kaltofen-Ernst seinerzeit um 1850 of der Grub Weihnachten gefeiert wur

Der schönnste Tog in Gahr war of der Grub der 23. Dezember. Do feierten – gerod zun Kaltofen-Ernst senn Geburtstag – de Bargleit Heilgobnd. An dan Tog wur net gearbit, ober de Schicht wur bezohlt. De Pochgunge warn do raa aus ne Haisel. Die alten dracketen Scheidbänk wurn rendlich ogekehrt un mit Fichtenzweigle ageputzt.

Of de Fansterbraatle wurn Ölnapple reihweis aufgestellt un der Docht agezündt. Peremetten aus Bleiglanz un gaaln Schwafelkies wurn zammgericht, un zu aaner hatt der Kaltofen-Ernst zwee „Bargältste" geschnitzt un an beeden Seiten aufgestellt. Wenn nu die Lichtle alle brannten, fing dar Barg salber wie mit tausend Flammle a ze glänzen, ze lechten un ze glühe un ze funkeln wie a richtger Zauberbarg aus Gold un Silber aus en Märchen. In geden Aag vun dan arme Barggunge stand de Frad salber wie a halles Licht – oder warns die vieln hunnert Flammle, vun dan sich geds amol in enn setten Aagele sah wollt?

Wenn alles schie zerachtgemacht war, kam der Steiger, un die Gunge schlugn mit ihrn Eisen als Gruß fürn Steiger ne „Trab" of der Bank, in verschieden Takt un an dan Tog mit besunnrer Forsch, doss dar Arzstaab när asu aus alle Ritzen vun de alten Eichenbratter in der Höh stiebet un salber afing ze flimmern un ze funkeln, wenn er an dan Lichtern verbeizug – dar haamtückische Staab, dan de Bargleit Tog für Tog un Gahr für Gahr zamneifrassen mussten, dar sich in der Lung fastsetzt un se bezeiten bargfartig macht.

Oder da dra dacht an dan Tog kaaner. Do war eitel Frad un Labn of der Grub. De Gunge von de Schächt ginge aah zuenanner un gucketen sich a, wie's de annern gemacht hatten, un wenn ne awos gefiel, macheten se 's nächste Gahr aah.

Oder aah unner Tog war Labn. Do feierten die „Alten", de richtign Bargleit, Weihnachten. Früh, üme sechse, war de Batstub illuminiert, un der Materialsteiger Butze los de Weihnachtsgeschicht un hielt a Asproch. Alte Barg- un Weihnachtslieder wurn gesunge, un noochert wur eigefahrn. Vor Ort war aah alles schie hargericht, de Baue mit Reisig ausgeschlogn, de Blenden wurn aufgehängt un ringsümedüm aufgestellt, a „Bargspinn", aafach aus aaner Holzdock gemacht, in dar Leisten mit Lichterdilln eigelossen warn, übern Tisch aufgehängt, dan sich de Bargleit aus a paar Bratter un Balken nazammgericht hatten un an dan se sichs nu gemütlich macheten. Aah dohier wur gesunge, un 's klang viel forscher als ubn, wu de Stimme noch a wing eigerost warn. Geder zug itze sei „Schofsackel" aus der Tasch. Aaner hatt Korn, der annere Kümmel, wieder aaner Pfafferminz, mit dan se de Kahl a wing afeichten tatn. Kam „gaales Licht", wur heit kaane Pfeif geschwind vaggestackt, un dos „Glückauf!" vun de Steiger klang heit aah ganz annersch als sist, net asu barsch, un dar un gener spendieret a Hamvel Zigarrn, a Packel Tobak, aaner wieder, der Öbersteiger, hatt a Sau geschlacht un leget gar a Worscht ofn Tisch. Un de Bargleit schmunzleten un nicketen a wing verlagn: „Na, schinn Dank aah, Harr Öbersteiger, un racht gesunde Feiertog mitenanner!" „Wünsch ich Eich aah", sat dar, „na, do halt när noch racht gemütliche Schicht mitenanner, Gelück auf!" „Gelück auf, Harr Öbersteiger!" un – „Glück auf, Glück auf! der Steiger kommt ..." klangs aus rauer Bargmaskahl hinnern Öbersteiger har of senn Wag vun Ort ze Ort.

Überol gucket er in fruhe Gesichter. Zun Frühstück hatt geder awos mitgebracht; dar a paar Kas, dar a paar Wörschteln, a annerer en Zumpel Blutworscht – mit viel Blut un wing Spack drinne, vun biesen Guschen när „Bargmasworscht" gehaaßen. Gener wieder stellet a paar Flaschen Bier ofn Tisch, un alles wur brüderlich getaalt. Sei Schwarzbrut hatt geder salber mit – guten Appetit aah! Un nu war ordnlich eigehaa un derbei derzehlt. „Wisst ihrsch noch ...?"

Aah an die Kameraden wur gedacht, die vunne Gahr noch unner se gesassen hatten un nu bargfartig oder gar zor

„Letzten Schicht" eigefahrn warn. Do wursch a wing stiller an Tisch. Geder mocht bei sich denken: Wenn wards bei dir asuweit sei? Öbs heit dei letzts Weihnachten dohier unten is? –

Oder dos hielt net lang vür, s Labn gang wetter, un's war Weihnachten! De Lichter knisterten, de Tobaksschwoden zugn in Ringeln un Wulken drunnerhie, verzugn sich hinner in finstern Stolln un nahm de schwarn Gedanken miet! Wie alles Schiene, verginge aah die Stunden när zu geschwind. Mit darbn Handschlog un „Na, do Gelück auf aah mitenanner. Do halt när rächt gesunde Feiertog derham!" ginge se ausenanner, un geder bracht noch asu viel Licht in senn Harzen mit aham, doss's aah in senn armsalign Haisel a wing hall war ze Weihnachten.

Aah do glänzten zun Heiling Obnd mehstens a paar Arzstuffen, drehet sich of der Kommod a klaane Peremett, un vun der niedrign Deck strahlet a bunt agestrichene „Spinn" mit zwölf Lichtle, un mitten ofn Tisch brannt in enn alten Zielechter ruhig 's Heiligobndlicht; un de Fraa hatt ihre neie blaugedruckte Leimetschörz – ihr Bornkinnel vunne Gahr – üm, un aah in ihre Aagn hatt de Frad a paar Lichtle agezündt, wenn se in der „guten" Schüssel s Heiligobndassen, Ardäppelsalat un Harig, behutsam hiestellet un de Weihnachtsglocken, ball laut, ball leise dorch de Winternacht summeten.

Martin Herrmann

142

Was mir der alte geschnitzte Bergmann
meines Großvaters erzählte

Heiligohmd, de Lächter brenne
un mei Bargma hält sei Licht.
Stieht wie bei dr Bargparade
un su hall strahlt sei Gesicht.

Un nort guckn mir uns aa.
S'is, als öb ar mich verstieht.
Un de Spieldus singt derzu
unner Heilig-Ohmdn-Lied.

Un mir singe leise mit –
nort derzöhlt mei Bargma mir
vun dr Weihnachts-Mettenschicht
of senn altn Bargrevier.

Gedes Gahr vürn Heiligohmd
feiern Bargleit Mettenschicht
Un do werd de alte Kau
für de Weihnacht hargericht.

Fichtenzweigle ümedüm,
überol e Lichtl drauf.
Übern Eigang – hall erlaicht,
stieht dr Bargmannsgruß Glückauf!

An dr Deck dreht sich e Spinn
Un de Lichtle tanzn mit.
Tanzn, flackern rund im Kreis
su wie bei ner Peremitt.

Äppeln pratzeln in dr Rähr,
Weihnachtsäppeln, su e Staat. –
Un dr alte Steiger Kar
legt de Wörschtle schu parad.

In dr Mitt nan lange Tisch
setzen sich de Bargleit zamm.
Jeder hot sei Lichtl stieh
wie zum Heiligohmd derham.

Vier Mann blosen de Posaun –
un de Blenden flackern auf.
Aus'n Stolln dr Bargverwalter
grüßt de Bargleit mit Glückauf.

Un e Lied voll Innigkeit
klingt hall dorch de Winternacht.
Dank dir, gute Barbara,
die in Lieb an uns gedacht.

Un dr Bargverwalter sogt
alln sein Dank für ihre Müh,
un ar wendt sich nort eweng
halb zum Stolleneigang hi:

Bargfürscht dort in tiefen Schacht,
kumm ze unnrer Metten rauf.
Loß uns finden edel Erz,
tu uns neie Gänge auf.

Wu dr Stolln sei Mundloch hot,
is dr Eigang wie e Bugn.
Do is allis Balkenzeig
mit grün Reisig überzugn.

Un do laichten aus dann Bugn hall
de Blendenlichter raus.
Allis sieht su feierlich
wie e Sternehimmel aus.

Un de Blenden laichten auf,
strahln hall aus'n finstern Schacht.
Un dos alte Weihnachtslied
klingt voll Adacht dorch de Nacht.

Noochert sitzn se besamm
un dr Bierkrug macht sei Rund.
Warme Wörschtle un Gehackts. –
Un nort schlögt de zwölfte Stund.

Draußen is dr Hamitwald
eigeschneit in Winterpracht.
Übern Wald laicht hall e Stern,
laicht ne Waag zr Weihenacht.

Stephan Dietrich (Saafnlob)

Zechenheiligabend um 1900
auf Grube „Himmelsfürst"

Wenn sich das deutsche Volk zur Weihnachtsfeier rüstet, da begann zur Zeit der Blüte des Bergbaues auch unter den Bergleuten ein eigenes Erleben. So gehörte zu den von den Bergleuten besonders begangenen Festen auch das Weihnachtsfest. Bei den Bergleuten unserer Heimat war es ein uralter Brauch, am letzten Arbeitstag vor dem Weihnachtsfeste (1 Tag vor dem Weihnachtsheiligabend, an dem die Arbeit ruhte) den sogenannten „Zechenheiligabend" zu feiern. Schon die Frau oder die Mutter des Bergmannes nahm an dieser Feier teil, indem sie an diesem Tage ihrem Mann oder Sohn das „Brotsäckel" mit besonderer Liebe und besonderen Genüssen füllte. Ein Viertel Pfund Wurst oder Speck, oft wohl auch Rauchfleisch (geräuchertes Pferdefleisch), hatte sie am Vortage besorgt. Das Letztere war bei vielen Bergleuten ein öfterer Genuss, denn die wenigen Groschen, die ihnen aus ihrem Verdienst zur Verfügung standen, reichten selten zum Einkauf von Rind- und Schweinefleisch. Und man bekam ja von dem anderen ein so großes Stück auf einmal für wenig Geld! Zur rechten Würze dieses Fleischgenusses hatte die Mutter auch das „Schafsäckel" mit Kümmel, Bittern oder Korn besorgt. Einige Lichtchen wurden mit eingepackt, denn die waren ja die Hauptsache bei einem Zechenheiligabend! So reichlich mit Esswaren wie an diesem Tage wurde der Bergmann von seiner Frau oder Mutter sonst nie ausgerüstet.

Früh ging es nun zur Grube. Um 4 Uhr (!) begann die „Schicht". Oft waren die Leute schon eine Stunde bis zur Grube unterwegs. Es war eine Eigenheit der Bergleute, dass sie nicht geschlossen zur Arbeit gingen, vielmehr „sinnierte" fast jeder gern für sich hin. Das mag wohl mit dem Ernst des Berufes zusammengehangen haben. Es waren ja auch die Bergleute keine „Maulmacher", sie waren „verinnerlicht". In weitem Anmarsch von den umliegenden Dörfern und dem etwas näheren Städtchen zogen sie in langer

Reihe dahin. Nur ein schmaler Fußweg in dem in der Winterszeit liegenden tiefen Schnee zeigte die Spur des Vordermannes. Sah man von einer Höhe aus die Lichter in den „Blenden" der Bergleute, so konnte man das gegebene Bild mit einem großen Stern vergleichen, dessen Strahlen auf einem hell erleuchteten Punkte zusammenliefen. Dieser erleuchtete Punkt war das „Bethaus" der Grube „Himmelsfürst". Sämtliche Fenster waren erleuchtet, jedes Fenster aber mit 12 Lichtern, in drei Reihen, besetzt. Von der Decke des Bethauses hingen drei prachtvolle, aus Holz geschnitzte Leuchter herab; eigene, zum Teil künstlerische, Bastelerzeugnisse einzelner Bergleute, die diese Kunstwerke für den Zechenheiligabend zur Verfügung gestellt hatten. Die Knappen hatten von ihrem schmalen Einkommen Pfennige zusammengesteuert, um die Lichter dazu beschaffen zu können.

In Stille und mit Andacht betraten die Bergleute die Betstube. Wie in der Kirche setzten sie sich entblößten Hauptes auf Holzstühle und verrichteten ein stilles Gebet. Heute war die Stube zeitiger wie sonst dicht gefüllt, heute gab es keine Nachzügler, wie es sonst mitunter üblich war. Selbst die regelmäßigsten und bekanntesten „Zuspätkommer" saßen heute zur rechten Zeit auf ihren Plätzen. Sämtliche Obersteiger und Steiger der Grube wohnten der Feier bei. Ein musikkundiger bejahrter „Heuer" setzte sich auf die Orgelbank, und bald durchbrausten die Töne der „Bergorgel" mächtig und innig den weiten Raum. Ein schönes melodisches Vorspiel erklang, und dann ging es über in das allen Bergleuten bekannte „Nun danket alle Gott". Ein Steiger sprach eine Weihnachtsandacht und ein kurzes Gebet. Mit einem „Glückauf" wurde die einfache, schlichte und doch so innige Feier hier beendet. Nach Verlesen der Bergleute durch ihre Steiger wurde in den Schacht eingefahren, nicht ohne dass dieser oder jener Bergknappe zuvor noch einmal zum „Hutten" ging und noch „for en Sechser" ein „Pullchen" zu sich nahm.

Nach der Einfahrt, bei der Ankunft am Arbeitsplatze in der Grube, entledigten sich die Knappen ihres Grubenkit-

tels und -leders und begaben sich zu ihren „Passen" (d. i.
ein Stück Brett oder Pfosten, das mit beiden Enden je über
einen großen Stein gelegt wurde, wodurch eine niedrige
Bank aus einfachsten Mitteln entstand). An den verschiedenen Gesteinsvorsprüngen wurden die von zu Hause
mitgebrachten Lichte befestigt und dann angezündet.
Manche der Bergleute hatten eine sogenannte „Spinne" angefertigt. Dies war ein ungefähr 10 Zentimeter starkes und
40 Zentimeter langes Stück Holz. An dem einen Ende des-
selben wurde ein Nagel zum Aufhängen eingeschlagen,
und an der Längsseite wurden etwa 6 bis 7 Löcher rundhe-
rum eingebohrt und in ein jedes Loch wurde ein etwa 15
Zentimeter langer Holzspan gesteckt. Auf jedem Span
wurde dann ein Licht befestigt. Das Ganze sah aus wie ein
„Hängeleuchter". Gewiss eine einfache Sache, so einfach
wie das Gehabe des Bergmanns überhaupt, und doch dabei
so nützlich. Später wurde sich auf den Passen gesetzt, das
Brotsäckel hervorgeholt und ein Teil des von „Muttern"
besorgten Vespers verzehrt. Der größere Teil blieb für die
Hauptvesperzeit im Brotsäckel. Nach halbstündiger Pause
ging es wieder an die Arbeit, denn auch heute, am Zechenheiligabend, musste die vorgeschriebene Arbeit geleistet
werden. Natürlich hatte man an den vorhergehenden Tagen schon viel vorgearbeitet, damit diesmal ausnahmswei-
se mit der Hauptvesperzeit die Arbeit beendet werden
konnte. Mit dieser Hauptvesper begann nun eigentlich erst
der richtige Zechenheiligabend. In der Tiefe der Erde wurden die Lichte angezündet, die in der Nähe gemeinsam ar-
beitenden Arbeitskameraden fanden sich „vor einem Ort"
zusammen, die Schafsäckel kreisten in der Runde, Weihnachtslieder wurden gesungen, Geschichten und Späße erzählt und wohl auch, was sonst selten genug geschah, über
Politik „dischkuriert". Der Steiger hatte an diesem Tage
vor der an anderen Tagen sonst üblichen Revisionszeit den
Schacht „befahren", und so war eine Kontrolle für heute nicht mehr zu erwarten. So konnte man die Pause von
einer halben Stunde auf eine ganze Stunde ausdehnen,
war doch heute Weihnachten! Pflichtbewusst ging schließ-

lich jeder wieder an seine Arbeit. Es dauerte nicht lange, bis in der Grube eine Detonation nach der anderen erfolgte: die gebohrten Löcher waren mit Pulver geladen und weggeschossen worden. – Nun konnte die Ausfahrt beginnen.

Nachdem die Bergleute sich nach der Ausfahrt droben im Tageslicht wieder in der Betstube versammelt hatten, wurden sie erneut verlesen, und es folgte wieder ein gemeinsames Gebet.

Die Heimkehr begann. Die Kinder kamen dem Vater ein Stück Wegs entgegen, und es ging nun ans Fragen und Erzählen: ob das Frühstück geschmeckt hätte, ob noch ein paar Stückchen oder „Rindel" Brot im Brotsäckel seien, ob die „Leuchterkisten" zu Hause heute ausgepackt würden und ob der Leuchter nun aufgehangen würde – und was sonst alles die jugendlichen Plappermäuler noch zu fragen hatten. Zu Hause, von der Frau herzlich begrüßt, setzten sich alle, nachdem der Vater sich gewaschen und umgezogen hatte, zu Tisch und ließen sich den wohl in allen Bergmannsfamilien zu Weihnachten üblichen „Hirsebrei" gut schmecken.

So wurde früher in Bergmannskreisen der Zechenheiligabend gefeiert: deutsch, gläubig und schlicht!

Hermann Seifert

Steiger, Häuer, Junge, Knacht',
Sitzmr alle schlacht un racht
An dr Tofl benn Gebaat:
Un dos macht enn Mut un Fraad.

Christian Gottlob Wild

„Nu kimmst du wieder, Nacht vull Licht un Schimmer"

Von der erzgebirgischen Weihnacht

Weihnachten im alten Erzgebirge. Immer wieder geschilderter Höhepunkt war die Christnacht mit der frühmorgendlichen Christmette, zu der die Gebirgsbewohner mit ihren Mettenlichtern aus den verstreuten Bergsiedlungen zur hell erleuchteten Kirche strömten.

Im Mittelpunkt der Christmette stand die zumeist von einem Knaben gesungene Weissagung. „Diesem mit atemloser Spannung aufgenommenen Gesang", so berichtet Otto Eduard Schmidt (1855–1945), „lag die Vorstellung zu Grunde, als ob wirklich ein Engel vom Himmel dem Volke die frohe Botschaft überbringe." Vor allem in westerzgebirgischen Gemeinden stand und steht in den weihnachtlichen Gottesdiensten ein Jesulein, das „Bornkinnel", auf dem Altar, das in einigen Gegenden dem ganzen Fest den Namen gab.

Die in vielen Berichten erwähnte erzgebirgische Tradition des Quempas-Singens wurde in den Dreißigerjahren des 20. Jahrhunderts von dem aus dem Erzgebirge gebürtigen Dresdner Kreuzkantor Rudolf Mauersberger (1889–1971) wieder belebt.

Weihnachten war seit jeher im Erzgebirge nicht nur ein intimes Familien-, sondern auch ein öffentliches Fest, das in Vorfreude erwartet wurde: „Nu kimmst du wieder, Nacht vull Licht und Schimmer."

E. H.

Nacht vull Licht un Schimmer

Nu kimmst du wieder, Nacht vull Licht un Schimmer
Un deckst denn Starnemantel übersch Land.
Ich denk zerück: Wie heit su kamst du immer,
Als Friedensfast warscht eitel du bekannt.

Nu flamme auf die tausend, tausend Lichter,
Weit übersch Schneefald blitzt der helle Schei;
Un wu mehr hiesieht: Fröhliche Gesichter,
Der Tanneduft, daar lässt kenn Kummer rei.

De Sorg üms liebe Brut, die is verschwunden,
När Fried und Frahd gelänzt aus jeden Blick,
Ach, heil'ge Nacht, wenn du dei End gefunden,
Loß doch en Segensstrohl in uns zerück!

Loß Lieb un Hoffning zieh in unnre Harzen
Un, wan a Kummer drückt, waar wieder fruh.
Wenn aah verglimme deine Weihnachtskarzen –
De Lieb in uns söll brenne immerzu!

Hans Siegert

Weihnachten im 17. Jahrhundert

Das erzgebirgische Christfest im Spiegel
alter Scheibenberger Manuskripte

„Kommt, und lasst uns Christus ehren!" Für viele Erzge-
birger stehen die Weihnachtstage unter diesem Motto.
Das Mitfeiern und häufig auch das Mitgestalten von
Christvesper, Krippenspiel, Mette, Festgottesdiensten
oder Kirchenmusiken bilden den inneren Kern der Tage.
Weihnachten wird mit christlichem Hintergrund mög-
lichst mit der Familie gefeiert. Die Freude über die Geburt
Jesu überstrahlt bewusst oder unbewusst die Tage.

Das scheint auch in früherer Zeit nicht anders, sondern
eher noch stärker so gewesen zu sein, auch wenn in manchen Veröffentlichungen vor allem von Angst machendem
Aberglauben berichtet worden ist. Dabei wurden die star-
ken Elemente christlichen Glaubens ausgeblendet, die
auch in der Vergangenheit die erzgebirgische Weihnacht
überaus deutlich dominierten.

Nicht Schatten liegt über dem Christfest, sondern Licht,
wenn wir es nur sehen wollen.

Im Pfarrarchiv Scheibenberg haben sich ganz verstreut
etliche Eintragungen erhalten, die aus einer Weihnachtszeit berichten, in die keine Erinnerung mehr zurückreicht.
Sie können ein wenig anschaulicher machen, wie das
Christfest unserer Vorfahren aussah. Am aufschlussreichs-
ten sind dabei die Kirchenrechnungen, die seit 1597 erhalten blieben. Man könnte zwar meinen, die alten Hand-
schriften böten eine trockene Lektüre, aber neben nüchter-
nen Zahlen werden dort viele Einnahme- und Ausgabevor-
gänge verzeichnet, die von hohem theologischen und
volkskundlichen Wert sind. Selbst wenn nur 2 Pfennige zu
verrechnen waren, hat ein sorgsamer Kirchvater das akri-
bisch notiert.

Und aus diesen und anderen Bruchstücken lässt sich ein
ziemlich anschauliches Bild der Weihnacht im 17. Jahrhundert rekonstruieren, also der Weihnacht, wie sie der Pfarrer

und Chronist Christian Lehmann (1611–1688) erlebte und feierte.

Gleich zu Beginn der alten Rechnungen wird man fündig. Aus den Einzelhinweisen ergibt sich, dass das Christfest schon 1597 und auch während des ganzen 17. Jahrhunderts mit drei Gottesdiensten gefeiert wurde. Der erste muss die Mette in der Heiligen Nacht gewesen sein. Dann folgte ein Festgottesdienst am Vormittag des 25. 12., am eigentlichen Tag der Geburt Christi (Natali Christi), und den Abschluss bildete der Gottesdienst am 26.12., der aber als Tag des Erzmärtyrers Stephanus (Stephani) ein eigenes Gepräge hatte. In späterer Zeit wurde auch ein dritter Feiertag gottesdienstlich begangen. An mindestens zwei Tagen gab es Abendmahlsfeiern, wie die Ausgaben für „kirchenbrod und weyn zu Weynacht" belegen.

Eine besondere Hervorhebung des Heiligabend (24.12.) mit einem Gottesdienst oder Ähnlichem ist allerdings nirgends verzeichnet. An diesem Tag wurden offenbar Geschenke verteilt, wie wir unten noch sehen werden.

Die Vorbereitungen auf das Christfest begannen allerdings schon etliche Wochen vorher. So bekam z. B. 1682 die Frau des Schulmeisters 5 Groschen für „Altartücher zu waschen an Weynachtn", die Glocken wurden noch einmal für 1 Groschen geölt und 1 Groschen 6 Pfennig gab man aus für „licht in die Metten". Offenbar sollten auch immer neue Altar- und Leuchterkerzen zum Fest entzündet werden, denn die Rechnung von 1627 verrät, dass jeweils „3 Pfund Wachs" gekauft wurden, um „Kerzen zu Weihnacht und Ostern zu machen".

Die eigentliche Feier des Christfestes begann dann mitten in der Nacht, noch vor dem Gottesdienst. Da traf sich die Kantorei zum Musizieren auf dem Markt. Das belegt eindeutig die 1688 für die Mitglieder der erneuerten „Cantorey-Gesellschaft", des „Collegium Musicum", aufgestellte Ordnung: „Wenn zu Weynachten und Ostern des Nachts umb 12 Uhr auf dem Marckt gesungen wird, sollen sie sich darbey einfinden, und in Verabsäumung dessen 1 gl zu erlegen schuldig seyn". Nach diesem Einsingen des

Das Zwönitzer Bornkinnel.

Christfestes begann dann unter Glockengeläut in der erleuchteten Kirche die festliche Christmette, bei der eine Mettenpredigt zu halten war, wie verstreute Aufzeichnungen belegen. Gut 170 Jahre später wird in den Pfarramtsakten der Ablauf so beschrieben: „In der Metten wird erst ein Lied, hernach die Weissagung gesungen, bey deren Endigung der Prediger auf die Kanzel gehet. Es wird kein Kanzellied gesungen. Nach der Predigt wird die Beichte verlesen, und hierrauf das Vater unser. Hierrauf: quem Pastores laudavere gesungn, hernach collectiert u. der Seegen gesprochen."

Die besondere musikalische Gestaltung des Christfestes wird ebenfalls aus vielen Einträgen bis heute deutlich. Für das Jahr 1610 ist z. B. belegt, dass man selbst in harten Wintern keinesfalls auf die gottesdienstliche Orgelbegleitung verzichten wollte. Darum wird Folgendes vermerkt: „Kohlen dem Organisten zu Weihnachten die Hände zu wärmen". Offenbar stellte man ein Kohlebecken neben dem Orgelspieltisch auf, damit dem Organisten, der die alte Eckstein-Orgel schlug, die Finger nicht ganz einfroren.

Mitten im Dreißigjährigen Krieg, 1628, gründete sich die oben erwähnte Kantorei (vielleicht auch von Neuem), und auch sie war spätestens seit dieser Zeit an der Gottesdienstgestaltung des Christfestes beteiligt.

Denn schon zwei Jahre später werden „20 gl (Groschen) den Musicanten an heiligen Weihnachten zu vertrincken verehrt, für Ihren fleiß und mühe".

Welche Lieder oder Instrumentalstücke die Musikanten mit Fleiß und Mühe einstudiert hatten, lässt sich ebenfalls noch gut rekonstruieren. Das älteste 1615 gekaufte Choralbuch macht anhand der Abnutzung deutlich, dass lateinisch und deutsch gesungen wurde. So erklang in den Weihnachtsgottesdiensten eine alte Form des heute noch bekannten „Quem pastores" und dazu Lieder wie: Christum wir sollen loben schon; Gelobet seist du Jesu Christ; Ein Kindelein so löbelich; In dulci jubilo; Vom Himmel hoch; Lobsinget Gott und schweiget nicht; Weil Maria schwanger ging; Der Tag der ist so freudenreich; Uns ist geborn ein Kindelein. Allein 22 verschiedene deutsche Lieder standen zur Auswahl.

Optischer Mittelpunkt der drei Gottesdienste war zu Weihnachten auch in Scheibenberg das Bornkinnel auf dem Altar. Das erfahren wir aus der Rechnung von 1600, wo „2 gl vor ein Jesulein an Zurichten uff dem Altar" ausgegeben werden. Damit war sicher eine Renovierung gemeint, damit das „Jesulein" wieder in voller Schönheit die Gemeinde erfreuen und an die Menschwerdung Gottes in Jesus Christus erinnern konnte. 1631/32, mitten im Kriegsjahr, werden „5 gl 6 pf vorm neugebornen Christkindlein zu renovieren dem Mahler geben". Als dann 1638 Christian Lehmann Pfarrer in Scheibenberg wurde, fand er hier ebenso ein Bornkinnel vor, wie er es aus dem benachbarten Elterlein schon kannte, wo er 5 Jahre als Substitut seines Vaters gewirkt hatte. In seinen bisher veröffentlichten Werken erwähnt er das Bornkinnel allerdings nicht. Das lässt sich damit erklären, dass ihm dieser Brauch so selbstverständlich war, dass er nicht extra genannt werden musste. Mitten in seiner Amtszeit veranlasste Lehmann beim Herannahen des Christfestes 1643 dann eine erneute Renovierung, was nicht verwundern muss, denn inzwischen war die Kirche vielfach von kaiserlichen und schwedischen Plünderern überfallen und beraubt worden. Sie suchten aber Geld, Gold und Silber, Figuren aus Holz stellten für sie keinen großen Wert dar und wurden achtlos in die Ecke geworfen und manchmal leider auch mit Bänken und Stühlen verbrannt.

Als jener Dezember 1643 nahte, wurde schon wieder das Anrücken von feindlichen Truppen gemeldet. Die ganze Stadt rüstete sich zur Flucht in die Wälder und befestigten Städte des Erzgebirges. Pfarrer Christian Lehmann war in größter Sorge, denn seine Frau Euphrosina konnte einfach nicht mitkommen. Sie erwartete ihr 4. Kind und war zusätzlich in diesem strengen Winter so ernsthaft erkrankt, dass sie daheim abwarten musste, wie es ihr und dem Kind ergehen würde. Da sandte wider Erwarten ihr Schwager Henning von Busch, der in schwedischen Diensten stand, eine Schutzwache von Annaberg herüber, die sie vor allem Unheil bewahrte.

Viele andere Christfeste waren ähnlich dramatisch, immer wieder zogen mordende und plündernde Söldnerhaufen durch die erzgebirgischen Städte und Dörfer und allzu oft mussten sich die Einwohner in die tief verschneiten Wälder retten. Doch sobald es ging, kehrten sie heim und feierten Weihnachten so schön, wie es irgend möglich war.

Auch Geschenke wurden in diesen rauen Zeiten gemacht und über eine „Weihnachtsgabe für Pfarrer und Schulmeister" erzählen schon die ältesten Aufzeichnungen. Vom Jahre 1610 an wird dann als Weihnachtsgabe für diese Personen jeweils ein „Stollen zum hl. Abend" genannt. Aber nicht nur sie gehörten zu den Beschenkten, es ist auch von „Stollen zum Heiligen Abendt armen Leutten gegeben" die Rede. Das geht wohl auf einen guten Brauch zurück, über den schon 1596 berichtet wird: „Christoph Beer, ein wohlhabender Bürger, der durchs hiesige Bergwerk reich worden, hat alle Weihnachten einen Tisch voll armer Leute gespeiset; ist endlich weggezogen u. hat das

Hammerwerk Tennicht gekauft." Und in Lehmanns „Historischem Schauplatz" wird auch der Name der Weihnachtsgaben überliefert, man schickt sich einen „Heiligen Christ".

Doch das größte Geschenk machten sich die bedrängten Erzgebirger wohl selber, wenn sie in die Gottesdienste kamen. Denn ganz direkt werden sie die Lesungen und Lieder berührt haben, denn sie sagen überdeutlich, was alle in ihren Gebeten zutiefst wünschten. Selbst welche Bibeltexte Christian Lehmann damals vor dem goldschimmernden Flügelaltar der St.-Johanniskirche zum Weihnachtsfest sang und las, verrät die alte Agende noch immer. Es sind mitten im Dreißigjährigen Krieg dieselben wie heute.

Zum einen Jesaja 9: Das Volk, das im Finstern wandelt, sieht ein großes Licht und über denen, die da wohnen im finsteren Lande, scheint es hell.

Dann Titus 3: Als aber erschien die Freundlichkeit und Menschenliebe Gottes, unsres Heilandes, machte er uns selig. Und als Höhepunkt das Weihnachtsevangelium aus Lukas 2, das die Christgeburt erzählt und das Loblied der Engel enthält: „Ehre sei Gott in der Höhe und Friede auf Erden bei den Menschen seines Wohlgefallens."

Endlich am 3. Dezember 1648 konnte der schon am 15. Oktober geschlossene Friede von der Kanzel verkündet werden. Was wird das für ein Weihnachten gewesen sein?

Ein Christbaum ist allerdings nirgends erwähnt, auch keine Pyramide, kein Räucherkerzchen oder ein Schwibbogen. Der Letztere ist dann immerhin schon 29 Jahre nach Lehmanns Tod und damit sehr, sehr früh nachweisbar.

Denn schon 1716 bekommt „Johann Georg Dehmel einen Groschen: den Bogen auffzumachen in der Metten beym Singchor, Weyhnacht". Im Jahr darauf erhält Johann Georg Dehmel, der „Tischer", wieder seinen 1 gl, um den „Bogen in der Metten Weyhnachten 1717 auffzumachen". Von da ab scheint diese Arbeit zum üblichen Dienst des Kirchners gehört zu haben. Dieser „nicht gefüllte", große Schwibbogen oder ein Nachfolger wird noch heute an gleicher Stelle ab dem 3. Advent aufgebaut und überspannt den vorderen Teil der Sängerempore.

Heute haben ebenfalls Christbaum und Schwibbogen, eine große geschnitzte Krippe, Adventsstern und -kranz, das Bornkinnel, ein leuchtendes Transparent und die strahlende Fensterbeleuchtung ihren festen Platz in der Scheibenberger Kirche.

Im Mittelpunkt der Weihnacht steht aber heute wie vor 400 Jahren die gespielte, gesprochene, gesungene und musizierte Botschaft: Euch ist heute der Heiland geboren!

Stephan Schmidt-Brücken

Weihnachten im alten Mauersberg
um 1850

„Wenn es schneit, wenn es schneit, so lustig schneit,
schneeweiße große Flocken,
wenn es schneit, wenn es schneit, so lustig schneit,
das Christkindlein ist nimmer weit,
nimmer weit!"

Der erste Schnee ist ein wunderbarer Freudenbote. Schon
am bloßen Tanze der Flocken kann man sich nicht sattsehen.
Wenn aber im Flockenwirbel die Zweige der Bäume einen
zuckerigen Überzug bekommen, wenn die Zaunspitzen
ihre weichen Händchen erhalten, wenn der Erdfläche ihre
blütenweiße Decke angetan wird – da durchzieht die Kleinen und die Großen ein Wohlgefühl unbeschreiblicher Art.
Wenn still in der Nacht Frau Holle ihr Bett schüttelt – wie
gucken da morgens beim Erwachen die Kinderchen, die
noch gar keinen Schnee gesehen haben und auch nicht wissen, was Schnee ist, staunend hinaus in das Weiße. Wie suchen sie nach einem Ausdruck ihrer Empfindungen!

RUINE NIEDERLAUTERSTEIN

Unsere jüngste Schwester Hildegard verwandelte ihren ersten Schnee hurtig in Wäsche. „Mutter, sieh nur, sieh! Die viele, viele Wäsche draußen im Garten!", rief sie hinaus, als ihr Blick auf die verschneiten Beete fiel. Kinder, deren Rosenmündchen schon singen können, ergehen sich in dem Liedchen:

„Freut euch, ihr Kinderlein,
's wird bald Weihnachten sein,
's schneit ja schon sehr!
Da kommt der heilge Christ,
weil sein Geburtstag ist.
Ja, freut euch sehr!"

Schließlich vereinigen sich im Weihnachtssehnen und Weihnachtshoffen alle alten und jungen Herzen, und keines bleibt kalt und starr bei kaltem Schnee und starrem Eis! Vielleicht zeigen sich die Menschen sogar unempfindlicher für die Weihnachtsahnung, wenn es an Schnee gebricht. Hört man nicht in schneelosen Dezembermonaten sagen: „Es ist gar nicht wie Weihnachten!" Wir erzgebirgischen Kinder mussten selten zu Weihnachten auf Schnee verzichten, weshalb ich mir auch einreden möchte, dass ich unterm Strohdache mehr Weihnachtsfreude genossen habe als manches Kind im herrschaftlichen Prunksaale.

Als wir noch ganz klein waren, genossen wir die Weihnachtsfreude zumeist passiv. Wir ließen das, was da kam und geschah, ruhig auf uns einwirken. Im Knecht Ruprecht und im heiligen Christ – die duftenden Stollen nicht zu vergessen – konzentrierte sich das ganze Weihnachtsgetriebe. Am ersten Advent leierten wir wohl hundert Mal den Tag über unser Sprüchlein her: „Heut ist der erste Advent, da kommt der Ruprecht gerennt!" Damit wir aber gewappnet wären, wenn er wirklich käme, hatten wir schon unsere Gebetchen und Liedchen im Kopf bereit gestellt.

Und er kam! Kaum war es Nacht geworden, so vernahm man draußen vor der Haustüre den erdröhnenden schweren Schritt des sehnlichst erwarteten und nun mit einem Male gefürchteten Mannes. Lautlos huschten wir in die Winkel und hoben die gefalteten Hände hoch zum Gebet. Als der starkfäustige Mann nun gar an die Stubentür pochte, klopften unsere Herzen mit hörbarem Schlage. Jetzt – trat er ein! Kaum, dass wir einen Blick auf den zottigen Pelz, den derben Stock, den strotzenden Sack geworfen hatten, fingen wir wie aus einem Munde an zu singen: „Ach, lieber Gott, mach mich recht fromm, damit ich in den Himmel komm!" Und war das Liedlein zu Ende, so begannen wir immer wieder aufs Neue. Der Ruprecht mochte sich gebärden, wie er wollte, wir ließen ihn nicht zu Worte kommen. Sein „Potz die, potz da, potz Flederwisch!" machten wir tot mit unserem Singen. Schließlich blieb ihm nichts übrig, als nach Verabreichung von ein paar Nüssen zu verschwinden und anderswo sein Werk zu versuchen. War der „Popanz" fort, so brüsteten wir uns gegenseitig mit dem an den Tag gelegten Mute. Der eine hatte seine Hand berührt; der andere hatte ihm in die feurigen Augen gesehen; ein Dritter hatte etwas Lebendiges, einen mitgenommenen bösen Jungen, im Sacke bemerkt. Die drei oder vier Nüsse aber, die jedem zugefallen waren, bildeten einen großartigen Schatz, dessen Besitz lang anhaltendes Glück verlieh.

Ich mochte fünf Jahre alt sein, als ich sogar einmal den heiligen Christ in Engelsgestalt leibhaftig zu sehen bekam.

Schwester Emilie nahm mich an einem Adventsabende mit in die vom Nachmittag her noch warme Schulstube, wo ich ihr mit einem kleinen Lämpchen zum „Kartoffelschälen" leuchten musste. Wir hatten hart am Fenster Platz genommen. Bei der stillen Arbeit in dem düsteren, verhältnismäßig großen Raume war unserer Fantasie schöner, freier Lauf gelassen. Unsere Gedanken hüpften lustig durch die weihnachtlichen Gefilde und blieben endlich bei einem Schäfchen, das ich mir schon immer gewünscht hatte, stehen. Unverhofft klopfte es leise an die Fensterscheibe und eine feine liebliche Stimme hob an:

„Ich bin der heilige Christ und hab die Kinder gern.
Wer fromm und fleißig ist, dem werd ich was beschern!"

Ja, draußen vor dem Fenster stand er wirklich. Ich sah deutlich das weiße Gewand, den bläulichen Schleier, die goldenen Flügel! Wir hielten beide den Atem an, um den holden Engel nicht zu stören. Wunder über Wunder! Ein goldenes Schäfchen, das sich nach mir zu bewegte, hielt er in der Hand! Dann leise, leise schwebte er hinaus in die Nacht. Das war ein seliger Abend! Das gab einen seligen Traum! Das verkündigte ein seliges Weihnachten! O, ich hatte einen Engel gesehen! Alle, die ich kannte, mussten das erfahren, und alle hörten auch freundlich meine Botschaft an. Wirst du dich wundern, wenn mir die alte Schulstube von nun an verklärt erschien? Wirst du dich wundern, wenn ich das Bild jenes Engels noch heute treu in meinem Herzen bewahre? Das Tränlein, das mir eben aus dem Auge getropft ist, möge der Engel meiner Kindheit würdigen als ein kleines, aber echtes Dankesopfer. Wisse, lieber Leser, jener Engel war meine Mutter!

Als wir älter und größer wurden, genossen wir die Weihnachtsfreude mehr mit Selbsttätigkeit. Wir trugen gleichsam mit Holz herbei, um das heilige Feuer der Weihnachtsfreude recht ins helle Lodern zu bringen. Im Oberdorfe wohnte ein Tausendkünstler. Er trug im Kirchenbuch den Namen Bergelt. Bei der Kinderwelt indes war er nur der „Männelmacher". Sein Fenster, hinter dem er arbeitete, hielten etliche Kinder eigentlich das ganze Jahr über besetzt. In der Adventszeit jedoch trat eine förmliche Belagerung ein. Jedes wollte bei ihm die Reiter, Soldaten, Bergmänner, Schafe, Ziegen, Hunde und Esel oder was sonst aus seiner Hand hervorging, in eingehendster Weise betrachten, um daheim sich in Nachbildungen versuchen zu können. Der Paradiesgarten, der zur Weihnacht in keinem Hause fehlen durfte, brauchte gar viele menschliche und tierische Wesen, damit er ordentlich bevölkert wurde. Was schnitzten und klebten und färbten wir Jungen da in der vorweihnachtlichen Zeit! Das Moos, womit der Boden des Gartens belegt wurde, war schon im Herbste eingetragen worden. Aber jetzt, zum vierten Advent, musste das Gärtchen fertig sein. In der Mitte prangte der Paradiesbaum, unter dem Adam und Eva sündigten. In einer Ecke wurde die Geburtsgeschichte des Heilandes zur Darstellung gebracht. Joseph, Maria, die Weisen und die Hirten umstanden eine Krippe mit dem Jesuskindlein, und selbst

allerlei Vieh drängte sich hervor, als ob es eine Ahnung von
der großen Gottestat hätte. Mindestens zwölf bunte Lichtchen zierten den Rand und versprachen glänzende Über-
strahlung des Ganzen.

Auch Räucherkerzchen mussten fabriziert werden. Die
Kohle dazu lieferte der Ofen, der sich zu jener Zeit nur mit
Holz speisen ließ; den Weihrauch kauften wir in der Anna-
berger Apotheke.

Als wir von einem Transparent gehört hatten, erwachte
in uns das kühne Vorhaben, auch so ein Kunstwerk zu
schaffen. Der König war nämlich um diese Zeit in Anna-

berg gewesen, und ein Fleischer hatte am Schaufenster ein durchsichtiges Bild angebracht, welches abends durch dahinter gestellte Lichter ein großes Feuer mit darüberhängendem Kessel und die Worte erkennen ließ:

„Wer mir den König nicht will ehren und lieben,
den werd ich unter den Wurstkessel schieben!"

„Ei", meinten wir, „ein solch durchscheinendes Bild müsste sich gut in der Kirche beim Mettengottesdienste ausnehmen!" Wir kauften in der Stadt eine Tafel Pappe, zeichneten zwei schwebende Engel und das Weihnachtsgloria „Ehre sei Gott in der Höhe, Friede auf Erden und den Menschen ein Wohlgefallen!" darauf, schnitten die Zeichnung aus und leimten buntes Papier auf die Rückseite. An den nötigen Lichtchen mangelte es ja auch nicht. „Pfenniglichtchen" brauchten wir überhaupt nicht wenig. Der Paradiesgarten verlangte 12, der Tannenbaum ebensoviel, und zum „Aufstecken" in der Metten waren wieder 10–12 erforderlich. Das alles kostete aber Geld! Woher dies nehmen? O, es war im Laufe des Jahres redlich verdient worden. Wir malten Landkärtchen für die Kinder. Europa und Sachsen kosteten je 2 Pfennig. Deutschland konnte nur für 3 Pfennig hergestellt werden. Dazu unterhielten wir eine kleine Leihbibliothek. Von einem Oheim in Gera erhielten wir ab und zu einige Bändchen Jugendschriften, die wir gegen eine Gebühr von einem Pfennig für das Buch fleißig verliehen. So kam es, dass sich unsere als Sparbüchsen verwendeten Pappschächtelchen zu Weihnachten wohl gefüllt zeigten. Mit fröhlichem Herzen jubelten wir der Christnacht entgegen.

In der heiligen Nacht zogen wir um vier Uhr zum ersten Festgeläute die Glocken. Um fünf Uhr folgte das zweite Geläut. Die Kirche füllte sich dabei über die Maßen; selbst die Altarstufen wurden von Müttern mit Kindern besetzt. Auf dem Chor und der Empore begann alsdann ein betäubendes Hämmern. Die Burschen und Knaben „steckten auf", das heißt, sie schlugen Blechtüllen in geringen Entfernungen auf die Ränder der Pultbretter und versahen sie

mit Lichtchen. Die Frauen und Mädchen kamen mit großen, bunten Kerzen auf Leuchtern heran. Die ganz Kleinen erschienen mit Engeln und Bergmännern, die je zwei
kleinere Kerzen trugen. Wenn um sechs Uhr das dritte und
letzte Geläut ertönte, verwandelte sich das Innere der Kirche in ein Lichtermeer. Ich vermag kein Feuerwerk, das ich
später in großen Städten gesehen habe, der eigenartigen
Pracht der Mettenbeleuchtung in meinem Kirchlein an die
Seite zu stellen.

Mein Transparent kam leider bei der großen Lichtfülle
nicht zur Geltung. Dafür wurde mir eine andere Freude
zuteil. Ich durfte zwei oder drei Jahre hintereinander die
Weissagung singen. Was nämlich Jesaias Kapitel 9, Vers 6
und 7 geschrieben steht, das musste im Mettengottesdienste ganz solo von einem Knaben gesungen werden. Die Melodie dieser Weissagung bewegte sich nur in drei bis vier
Tönen. Die Andacht, mit der aber der eintönige Gesang
angehört wurde, war rührend und die Ehre, die man dem
Sänger zollte, durfte nicht gering angeschlagen werden.
Auf die Metten folgte in den Häusern die Bescherung. Un-
vergleichlich war der Zauber, der sich in dieser Morgenstunde über das illuminierte Dorf ergoss.

Ich muss hier abbrechen, um etwas besonders „Erzgebirgisches" erwähnen zu können.

Es mag in der Adventszeit des Jahres 1856 gewesen sein,
als die Nachricht durch das Dorf flog: „Die Engelschar
kommt!" Die Kunde bestätigte sich. Gegen fünf Uhr
abends stellten sich, von Mildenau kommend, Joseph und
Maria, mehrere Hirten, König Herodes, die drei Weisen,
ein paar Gastwirtsleute und ein Hanswurst im obersten
Gute ein und brachten vor der schleunigst zusam-
mengeströmten Menge die biblische Weihnachtsgeschichte zur Aufführung. Joseph bat die Wirtsleute um Herber-
ge, wurde aber abgewiesen. Da wendete er sich in innigem
Tone an Maria: „Maria, gieh du na, weil ich nischt richten
ka!" Auf die inständigste Bitte der Maria wurde die Ein-
räumung des Stalles zugesagt. Bald darauf brachen die Hirten in hellen Jubel aus über die Geburt des Weltheilandes,

und sie tanzten vor Freude und klatschten mit den Peitschen; indes auch der Hanswurst war nicht faul und gab seine Freude in der ihm eigenen Art kund. Im Übrigen verlief die Darstellung angemessen und ließ bei den Zuschauern einen günstigen Eindruck zurück. Weshalb die „Engelschar" später aufgehoben wurde, weiß ich nicht. In neuerer Zeit sind Weihnachtsspiele hier und da – vielleicht in veredelter Form – wieder aufgenommen worden.

Nun nahte mein letztes Weihnachten im elterlichen Hause. Ach, wie weh war's uns doch den Sommer hindurch gewesen. Ein tückisches Fieber hatte den Vater überwältigt. Wochenlang war er dem Tode nahe. Endlich konnte er als gerettet angesehen werden. In herzlichen Gebeten dankten wir tagtäglich dem himmlischen Vater und baten ihn um Schutz und Kraft für den Ernährer und Erzieher, der es gerade kurz vor dieser Zeit um seiner Kinder willen unternommen hatte, jeden Nachmittag, wenn die Ortsschule zu Ende war, hinab nach Boden zu wandern und dort in der Fabrikschule noch zwei Stunden lang ermüdete Kinder zu unterrichten. Mit Furcht und Hoffnung zugleich sahen wir den Winter kommen. Gott nahm sich unser gnädig an. Zwei Tage vor Weihnachten, nachmittags, während der Vater seines Amtes in Boden waltete, ging ich mit Bruder Richard fröhlich nach der im Sommer wie im Winter gleich reizend gelegenen Höllenmühle, um einen besonders schönen Christbaum zu holen, der würdig genug wäre, unser diesjähriges frohes Weihnachtsfest zu verherrlichen.

An das Kaufen eines Tannenbaumes dachte zu jener Zeit in unserem Dörfchen niemand. Vielmehr galt es als erlaubt, sich ein Bäumchen aus irgend einem Walde heimzutragen, und den Lehrerskindern gönnten die gutmütigen Bauern erst recht einen Christbaum. Ohne Skrupel hatten wir uns denn auch schon längst beim „Höllendittrich" den Gipfel einer Tanne als unseren Weihnachtsbaum auserkoren. Es war aber nicht so leicht, des Wipfels habhaft zu werden. Erst stieg ich auf den Baum, zog an einem Faden das mitgebrachte Beil in die Höhe und hackte da oben mit frierenden

Händen auf die Tanne ein. Als ich mich eine geraume Zeit geplagt hatte, ohne weit gekommen zu sein, ließ ich mich vom Bruder ersetzen; allein der fror auch bald an den Händen und klagte: „Ich kann nicht mehr!" Da besann ich mich kurz, ging hinein zum „Höllendittrich" und bat diesen, mit einer Säge zu kommen und uns eine Tanne in seinem Walde fällen zu helfen; wir hätten uns schon eine halbe Stunde vergeblich mit unserem kleinen Beil gemüht. Der „Höllendittrich" machte zwar etwas große Augen ob der Zumutung, dass er in seinem eigenen Busche für andere eine Tanne fällen sollte; allein er ging mit, fällte den Baum, schnitt den Wipfel ab und lud uns obendrein zu einer Tasse Kaffee ein. Als wir seelenvergnügt mit unserem „Staatsbaume" nach Hause kamen, trafen wir – völlig unerwartet – die Unseren im großen Jammer begriffen. Der Vater war auf dem Heimwege von der Fabrikschule am Erbgericht vor Erschöpfung niedergesunken. Die freundlichen Wirtsleute hatten ihm dann aufgeholfen und ihn sorgsam heimgebracht. Wir durchwachten eine bange Nacht. Wollte Gott nicht mehr mit uns sein?

Der nächste Tag war schulfrei, und die Freiheit tat dem Vater wohl. Er fühlte sich danach wunderbar gestärkt. Am übernächsten Tage strahlte unser Baum vom „Höllendittrich" im „himmlischen" Lichte, und bei dem himmlischen Strahle sangen wir mit dem Vater gemeinsam: „Dies ist der Tag, den Gott gemacht!"

Also wurde mein letztes Weihnachten im Elternhaus verklärt durch ein weihnachtliches Licht aus der Höllenmühle und durch einen göttlichen Strahl aus dem Weihnachtshimmel.

Reinhard Rother

Christmetten im alten Stollberg um 1850

Wenn man alt wird, in der Gegenwart nicht viel mehr zu suchen und von der Zukunft noch weniger zu hoffen hat, dann wendet man seine Blicke unwillkürlich rückwärts und sucht Trost und Erquickung in Erinnerung an der Jugend „goldene Zeit". Namentlich die Kinderjahre sind es, die in der Erinnerung auch den Greis wieder jung machen können, wenn er im Geiste alle jene Bilder an sich vorüberziehen lässt, die er harmlos spielend und scherzend als Knabe einst geschaut. Und je einfacher die Verhältnisse waren, unter denen er aufwuchs, umso wertvoller wird für ihn ein Rückblick auf die Erlebnisse seiner Kindheit sein. „Hoffnung und Erinnerung sind die Prospektmalerinnen des menschlichen Lebens", sagt irgendwo Jean Paul. Auch das Unbedeutendste wird durch die Erinnerung verklärt, und, wie die Landschaft doppelt schön erscheint, wenn am Abend eines holden Sommertages sie die sinkende Sonne noch einmal in goldene Lichter taucht, so schafft uns wie mit goldenem Zauberstabe Erinnerung der Kindheit unschuldvoll verlebte Tage im Nu zum Paradiese um.

Keine Zeit des Jahres ist arm an Freuden für die Kinderwelt, aber die mannigfaltigsten und schönsten bringt doch der sonst so raue Winter, zumal in dem lieblichsten aller Feste, der seligen, fröhlichen Weihnachtszeit. Und wie manches in der Vorahnung, in der Erwartung besonders herrlich erscheint, so ist's auch hier, und zwar bis zu dem Grade, dass die Weihnachtsfreude, für die Kinder wenigstens, schon wochenlang vor dem Feste beginnt, ohne doch glücklicherweise mit demselben zu enden. Im Erzgebirge, wo das Weihnachtsfest von Alters her mit allerlei Zutaten und Gebräuchen besonders reich ausgestattet ward, und wo man, wie am Althergebrachten überhaupt, so auch an diesen Weihnachtsgebräuchen mit besonderer Zähigkeit festhält, beginnt die Weihnachtsfreude für die Kinderwelt mindestens schon mit dem 1. Advent und dauert fort bis zum sogenannten „hohen Neujahr". So war es wenigstens noch zu der Zeit, wo der Erzähler in der lieben kleinen Gebirgsstadt Stollberg in die Schule ging, und ist wohl heute noch so, wenn nicht in den größeren Städten, so doch in den kleineren und in den Dörfern.

Bei uns also ging's vor 40 und mehr Jahren etwa so her. Am Sonnabend vor der ersten Adventswoche sagte der Kantor in der Singstunde: „In der nächsten Woche, Kinder, bringt ihr die Mettenbücher mit, wir wollen die Weihnachtslieder einüben." Die Mettenbücher waren aber unscheinbare Hefte, in die wir selbst oder unsere Väter und Großväter alte schöne Weihnachtslieder, die heute leider meist außer Gebrauch gekommen sind, aus alten Gesangbüchern mit großem Fleiß eingetragen hatten. Besonders geschätzt waren alte Exemplare. Sie erbten von Geschlecht zu Geschlecht und waren oft nach der Art der alten katholischen Messbücher, in die irgend ein künstlerisch veranlagter Mönch wunderbar verschnörkelte Anfangsbuchstaben und kleine Heiligenbilder prachtvoll eingezeichnet, mit Bildern herrlich geziert. Die hatte der Großvater oder Urahn selber gezeichnet oder gemalt, und oft waren sie wohl auch danach. Uns Kindern erschienen sie aber doch als Kunstleistungen ersten Ranges und hätten wir selbst den Raphael oder eines seiner unsterblichen Werke gekannt, ich zweifele, ob wir ihm die Palme zugesprochen haben würden. Eine dieser bildergeschmückten Mettenbücher erinnere ich mich heute noch und Sehnsucht beschleicht mich, es zu besitzen. Vorn sah man Adam und Eva im Paradies. Grellgrün war der kreisrunde Wipfel des „Baumes der Erkenntnis" gemalt, aus seinem Laube lachten knallrot, wie rechte Weihnachtsäpfel sein müssen, verlockend die Früchte. Da war es kein Wunder, dass Adam leider angebissen. Das herrlichste Bild von allen war aber das Christkindlein in der Krippe im Stall mit Joseph und Maria und den heiligen drei Königen davor. Sonst herrschte in den Bildern die rote und die grüne Farbe vor, hier aber war auch ein schönes tiefes Blau und sogar richtiges Gold und Silber mit in Anwendung gebracht. Vielleicht war die Gruppierung ungeschickt, die Figuren allesamt verzeich-

net, aber das Bild machte dennoch in seiner rührenden Einfachheit einen so tiefen Eindruck auf mich, dass ich glaube, kaum eine größere Wirkung erfahren zu haben, als ich später als 15-Jähriger zuerst in Dresden Coreggios „heilige Nacht" geschaut.

Der Hauptinhalt aber und oft der einzige unserer alten Mettenbücher waren doch die alten Lieder. Das Auswendiglernen und Einüben der Lieder dauerte bis zum Schulschluss vor Weihnachten. Beim Mettengottesdienst in der Frühe des Weihnachtsfeiertags wurden sie gesungen. Nie war die Kirche so gefüllt wie zur Metten. Früh 5 Uhr, lange vor Tagesanbruch, wenn noch alles finster war und nur der Mond und die Sterne ihr bleiches Licht auf die Erde herabwarfen und die Kristalle des festgefrorenen Schnees funkeln ließen, begannen die Metten. Niemand mochte dabei fehlen, obgleich das Gedränge oft lebensgefährlich war. Die eingepfarrten Dörfer entsendeten ein starkes Aufgebot; auch aus der Stadt blieb so leicht niemand zurück.

Die Schützen in Uniform stellten sich auf dem Altarplatz auf und erhielten mühsam die Ordnung aufrecht. Dennoch ging es ohne Angst und ohne kleine Unglücksfälle manchmal nicht ab. Namentlich die Gefahr, dass ein Feuer entstehen könnte, war groß. Zwar hingen zu meiner Zeit schon schöne messingene Kronleuchter von der Decke herab und waren mit Lichtern besteckt, aber alter Gewohnheit gemäß brachten noch immer die meisten, obwohl es sogar verboten war, ihr „eigenes Licht" mit zur Kirche und „ließen es leuchten". Da gab's große und kleine Lichte, weiße und bunte, je nachdem es einer im Vermögen hatte. Die Lichte pflanzte man vorsichtig vor sich auf die Bank oder auf die Empore auf und zündete sie an. Das gab dann einen hellen Glanz, und der Seifensieder, mein Onkel, hatte seine Freude daran, die großen und kleinen Kirchgänger aber auch, oder vielmehr erst recht. Während des Gottesdienstes wurden die schönen alten Lieder gesungen, eine kurze Predigt gehalten und – das wurde mit besonderer Feierlichkeit angehört – von einem Schüler der ersten Klasse die „Weissagung aus dem Jesaias" mit singender Stimme vorgetragen. Wer dieser Ehre gewürdigt ward, der war bei uns damals ebenso berühmt, wie weiland bei den alten Griechen der Sieger in Olympia, auch erhielt er aus einer alten Stiftung „des seligen Herrn Bürgermeisters Liebe" ein kleines Geldstipendium. Der geneigte Leser wird mir's wohl nicht übel nehmen, wenn ich jetzt in meinem Alter ihm verrate, dass ich selbst einmal „beinahe" dieser Ehre gewürdigt worden wäre. Es wäre aber Nepotismus gewesen (anstößige Berücksichtigung naher Verwandter), denn „der selige Herr Bürgermeister" war ebenso wie der Seifensieder mein Onkel.

Friedrich Straumer

Weihnachten um 1900

Wir waren alle zur Christmette in der Stadt. 3 Uhr in der Nacht sind wir los. Es war schöner Schnee gefallen, ganz schön hoch. Wir waren nicht die Ersten aus dem Dorf, denn andere hatten schon einen richtigen Pfad getreten, da mussten wir nicht so sehr waten. Vor der Kirche standen schon viele Menschen, obwohl es erst nach 4 Uhr war, als wir mit unseren Laternen ankamen. Der Kirchendiener machte aber erst $^1/_2$ Stunde vor 5 Uhr die Türen auf. Das gab ein Gedränge und da habe ich Ida, Karl und Oskar verloren. Ich wollte gern auf die 2. Empore, da kann man die Orgel sehen, die Musiker und die vielen Kinder, die singen. Auch Fräulein Heimann, die die Weissagung immer singt, stand auf dem Orgelchor, den man voriges Jahr noch größer gemacht hat. Als ich nach viel Geschubse auf die 2. Empore kam, waren die ersten Reihen alle schon voll. Aber da hat der Reuther-Paul gewinkt. Ich war da ganz überrascht, hatte aber so vorne auf der ersten Reihe Platz und konnte nun alles sehen. Das war sehr schön. Da konnte ich die Kurrende sehen, die auf dem Altarplatz stand. Die hatten alle schöne Laternen in der Hand und sangen, dass Christus geboren ist. Auch der Paul kann schön singen, das merkte ich bei den Liedern. Ich kann ja nicht gut singen, worüber der Herr Scheunert in der Schule immer böse war. Ich kann's aber eben nicht. Die Metten haben mir aber gut gefallen. Das war richtig Weihnachten. Aber die Weissagung, die Fräulein Heimann mit den Musikern gesungen hat, war am besten. Da merkt man richtig, wie die Leute die Luft anhalten. „Das Volk, so im Finstern wandelt, siehet ein großes Licht, und über die, die da wohnen im finsteren Lande, scheint es helle. Denn uns ist ein Kind geboren, ein Sohn ist uns gegeben, und die Herrschaft liegt auf seiner Schulter." Dann geht die Stimme immer höher, wenn aufgezählt wird, wie das Kind heißt: „Wunderbar, Rat, Kraft, Held, Ewig-Vater, Friedefürst". Ist doch gut, dass der höchste Gott in so einem Kind zu uns gekommen ist. Da können wir „aafachen Leit", wie Vater immer sagt, uns freuen, dass auch der Heiland Jesus „aafach" geboren worden ist.

Manfred Günther nach dem Tagebuch der Anna R.

Weihnachten in Schneeberg um 1900

Endlich ist dann der heilige Abend da! Die Stuben sind gewaschen, Fenster, Tische und Sofas prangen im Festschmucke. Die Leuchter, Engel, Steiger sind unter großem Jubel vom Boden heruntergeholt worden, der Christbaum ist geputzt, die Stollen und Kuchen sind gebacken, und aus dem Ofenloch guckt eine gebratene Gans, der „Gänsebauch". Auf spiegelglatten Wegen musste das wohlriechende Backwerk heimgetragen werden. Fröhliches Lachen ertönt auf der stillen Straße, wenn ein Kuchenträger sein mit Pflaumenmus oder Quark dick bestrichenes Gebäck wegwirft und mit seinen großen Filzschuhen in dem „Gebrock" herumstampft, oder eine übereifrige Backmutter Salz statt Zucker auf die „Ardeppelkuchen" gestreut hat. Mittags schließt der Meister die Werkstatt, die Arbeiter gehen heim. Um 1 Uhr ist die letzte Probe für die Turm- und Feiertagsmusik. Sie wird in der Kirche selbst abgehalten. Die Buden auf dem Christmarkte liefern für die ärmeren Kinder verschiedenes Spielzeug. Auch große, bunt bemalte Talgkerzen, „heilge Abendlichter", sind zu haben. Auf den Straßen, auf dem Christmarkte wogt hin und her die festlich froh gestimmte Menschenmenge, und mit freudiger Spannung erwarten alle die willkommene Dunkelheit. Um 5 Uhr tönen die Glocken der St.-Wolfgangs-Kirche: Weihnachten ist gekommen!

> „Gottlob, nu sei mr fartig heit,
> In Haus werd eich a Ruh.
> Vun Torm ro klingt s Fastgeleit
> Härt fei adächtig zu!"

> „De Prob is aus, se ginne ham,
> Nu is Weihnachten ra.
> Uffn Mark, do lafen Leit zesamm,
> Dr Tärmer zind nu a."

Die Kinder blicken freudestrahlend nach den kleinen
Fenstern der Türmerwohnung. Da steht der Vater Türmer
am Fenster und zündet seine Illuminationslämpchen an;
helfend geht ihm seine Hausmutter zur Hand. Die Augen
des Enkelkindes spiegeln den wachsenden Lichterglanz
wider und schauen erstaunt dem bedächtigen Großvater
zu. Wie oft wirst du kleines „gebargisches Madel" an diese
Zeit deines Kindheitsparadieses zurückdenken?! Der
Schülerchor, mit Laternen ausgerüstet, wandert durch die
Straßen und singt in den Häusern und Wirtsstuben. Lautlos stille wird's beim Eintreten der Weihnachtssänger.
Gern lauschen die Gäste, unter denen auch viel Fremde
oder zum Besuch heimgekehrte alte Schneeberger sind,
dem, was der Volksmund singt:

> „De Kinner singe für dr Tür;
> Dr Heiland is geburn.
> Na gabt ne när paar Pfeng derfür,
> Wenn se sei fartig wurn."

Nun aber nach Hause! Der Engel hängt an der Decke mit ausgebreiteten Flügeln, in der einen Hand trägt er ein Blumenkörbchen, in der anderen einen Schild mit dem Engelsgesang: „Ehre sei Gott in der Höhe!" Drähte halten die brennenden Kerzen oder auch Lämpchen. Der Christbaum ist geschmückt und prangt im Lichterglanz. Der Laufleuchter dreht sich, und die Figuren im Weihnachtsberg bewegen sich. Hier hebt ein Engel segnend die Hände, dort behaut der Zimmermann Joseph einen Balken, auf einer Bandstraße wandern Maria und Joseph nach Bethlehem oder fliehen mit dem Jesuskindlein nach Ägypten, die Weisen aus dem Morgenlande ziehen auf ihren bepackten Kamelen in Jerusalem ein. Auf dem Tische aber brennt nach alter Sitte „'s heilige Abendlicht".

> „De Kripp un a dr Lechter brennt,
> Ihr Kinner sat, die Pracht! …"

Nach so großer Erregung fordert der knurrende Magen auch sein Recht. Das „heilige Abendessen" beginnt. Lange schon hat der Vater sehnsüchtig den alten Kachelofen angeblinzelt, an dem die Hausfrau herumhantiert. Endlich wird der Tisch gedeckt. „Neinerlei" soll aufgetragen werden. Die Hauptspeisen sind: Semmelmilch, Hirse, Sauerkraut, Wurst und Klöße.

Nach dem Essen werden die Lichter verlöscht, damit in der Früh wieder angebrannt werden kann, nur „'s heilige Abendlicht" brennt weiter. Und nun singt die Familie ihre Weihnachtslieder. Eins der wichtigsten ist das überall bekannte „Heilge Ohmdlied". Es hat eine große Zahl Strophen und jedes Jahr dichtet das Volk neue hinzu.

Zuletzt heißt es:

> „De Kripp löscht aus, ne Lächter a,
> Ihr Kinner gitt zr Ruh!
> Un legt eich alle, kla und gruß
> Ins heilge Ohmdenstruh!"

Brennt auch hie und da noch ein Lichtlein, endlich verlöscht auch das letzte, und nun lagert über dem Städtlein die „stille, heilge Nacht". Der Turmsänger legt sich seine Kleider zurecht, warme Schuhe, dicken Rock oder Pelz, Pelzmütze, stellt seine Laterne hin, zieht den Wecker auf, und dann sucht er noch einige Stunden zu ruhen, ehe das „Wecken" beginnt. Dass alte Turmsänger beim 50. Aufstieg besonders geehrt werden, ist selbstverständlich. Neben der üblichen Ehrenurkunde erhält er entweder eine Pelzmütze oder eine Laterne. Die Überreichungen solcher Ehrungen geschehen früh vor 4 Uhr im Versammlungszimmer. Sie stehen in der Vereinsgeschichte wohl einzig da. Für Neckerei ist dabei gründlich gesorgt, wenn's einer verschläft oder gar die ganze Abordnung. So bricht der Morgen an. Schnurrend rollt der Wecker ab. „Er springt vom Lager wohlgemut, denn rüstig stets ist Bergmannsblut. Schnell ist der Kittel angetan, und seine Blende steckt er an. Er tritt hinaus, noch schweigend ruht die Flur, im heilgen Dunkel schlummert die Natur!"

Nur hin und wieder huscht schon ein Sänger über die Straße. In der Versammlungsstube aber begrüßen sich die alten und jungen Turmsteiger aufs Herzlichste. Viele Hände langen nach dem sauberen „Tippel" mit warmem Kaffee, und die freundlichen Schwestern Ottilie und Philippine bedienen mit großer Geduld und Gewissenhaftigkeit. Hier wandelt der Posaunist, das Instrument unterm Arm, die Pelzmütze auf dem Kopfe und das „Tippel" in der Hand, umher, dort hinterm Ofen sitzen die alten Sänger, angestaunt von den Chorknaben, die das erste Mal mitsteigen dürfen … Immer voller wird die Stube: „Wer getrunken hat, geht derweile naus!", befiehlt unsere Wirtin, und da muss gefolgt werden. Auch der geräumige Hausboden füllt sich.

Vor 4 Uhr wandert dann die Schar, gegen 100, über den Kirchplatz dem Turmpförtchen zu. Die Turmwache sorgt, dass keine Unbefugten sich einschmuggeln, deshalb steigen die Turmsänger-Jubilare voran, und nun geht's in langem Zuge die Holztreppe hinauf. Beim Türmer wird noch einmal geruht. Wie herrlich ist's im Stübchen! In der Ecke

steht der Christbaum, die Fenster sind mit „Lichtlein" besetzt und bestrahlen das Stübchen. Einen letzten prüfenden Blick muss der Gesangsleiter hinauswerfen. Stehen die Pauken am rechten Ort? Brennen die Windlaternen?

Nun klettern die begierig wartenden Sänger hinaus. Aber, o weh! Der Sturm saust! Laternen verlöschen. Der Schnee bedeckt die Pauken, kein Auge können die Sänger auftun. Nun schlägt's 4 Uhr an dem über uns hängenden Bergglöckel, und ganz ruhig wird's. Die Bläser geben den C-Dur-Akkord an, und ohne Begleitung tönt's hinaus: „Stille Nacht, heilige Nacht!" Der Choral soll mit Pauken-, Posaunen- und Klarinettenklang beginnen, aber ein Windstoß – und die Musiker stehen im Finstern. Hilfsbereite Hände suchen im Turminnern den Schaden zu heilen, die Laternen anzuzünden … Jetzt kann's weiter gehen! „Herr, wir singen dir zur Ehre", so jubiliert der Chor und hierauf in einem achtstimmigen Satze: „Ehre sei Gott in der Höhe!" Nun erklingt das gern und oft gesungene:

Christmetten im Erzgebirge.
Ebgt wannr wollt un imedim in ganzn Arzgebörg,
Do werd mersch iberol su song, in h̄ aus un in dr hörch,
S schönste fest in ganzn Gahr, ba nür Bornkinnl sei!
(Aus: Da Weihnacht in Gebörg u. Röder)

E. Weisbach. 09.   Weisbach u. Wengler, Annaberg.

„Glück auf, der Bergfürst ist erschienen, das große Licht der
Welt!" In einem merkwürdig aufgebauten vierstimmigen
Satze wird sodann gesungen! „Laut verkündet die Trompe-
te, und die Pauke rollt es dir: Jesus ist geboren!" Der Choral:
„Preiset ihn, ihr Jubellieder", schließt das Ganze ab.

Ein Verweilen oben ist heute unmöglich. Es tost und
heult wie aufgepeitschte Meereswogen um den alten Turm!
… Aber nicht immer ist's so stürmisch … Was für herrliche
Weihnachten sind schon dort oben erlebt worden!

Kein Lüftchen regt sich! Es ist beißend kalt. Der Mond
steht hellglänzend am Himmel, und viel tausend Sterne funkeln. Tief unten aber aus den Fenstern des Städtleins, inmitten der prächtigen nächtlichen Winterlandschaft, schim-

mern die Lichter. Feierlich schwebt die Musik über die Häuser hin und dringt leise in jedes noch so kleine Gässchen …

Heute ist der Abstieg nicht eilig. Die vier großen Turmfenster gewähren dir den Ausblick in alle Himmelsrichtungen und was du erschaut in solcher Nacht, das bleibt dir in Erinnerung fürs Leben … Aber nun müssen wir doch endlich abwärts. Vor der Türmerwohnung werden die Namen eingetragen, und dann gehts rasch „zu Muttern". Auf dem Kirchplatz wogen schon Menschenmassen hin und her und warten auf die Mette …

Der Mettengang!

Wie lockend funkeln die Fenster der großen Kirche, rufen die hellen Glocken. Selbst die Mutter dort im kleinen Häusel, deren Jüngstes der Pflege bedarf, hält's nicht aus: Kurz entschlossen wickelt sie das Kind warm ein und so eilt auch sie mit den Ihren fort … Im hellsten Kerzenglanze erstrahlt das Schiff der Kirche; am Altare grüßen Christbäume, ein dumpfes Rauschen geht durch die mächtigen Hallen, wie in den Tannenforsten unserer Berge … Dann aber reißt die Macht der erhebenden Weihnachtslieder die ganze große Gemeinde zur hellen Christenfreude mit fort und macht alles andere verstummen. Den Höhepunkt der Mettenmusik bildet die Weissagung aus Jes. 9. Oben auf dem Chore steht der Stadtkantor, neben ihm der „Weissagungssänger", eine dicke Kerze leuchtet ihm … Schönste, innerlichste Heimatskunst wird hier laut …

Mit dem Liede: „O du fröhliche" schließt die Mette … Im Menschenstrome schweben wir mit hinaus und eilen heim zur Bescherung … Ja –

> „In Arzgebarg ist dach rächt schie,
> Do ka mr ä wenk in dr Metten gieh.
> De Weissoging wärd ahgehärt,
> Un nocherd unnern Kinnern bescht.
> Bei uns Weihnachten an schönsten is,
> Dos is eich fei nu ganz gewieß."

Alfred Dost

183

Das große Festdrama

Schon um 4 Uhr in der Frühe des Christtages ertönen Weihnachtsgesänge von der Durchsicht des auf dem Gipfel des Schneeberges gelegenen mächtig hohen Kirchturmes herab. Es sind drei sehr alte Musikstücke, von eigener, bisher nur handschriftlich vorhanden gewesener Komposition, welche den Hauptteil dieser Turmmusik bilden: Erstens ein „Ehre sei Gott in der Höhe!" „Das Ehre" sagt der Eingeborene, sodann das mit Glückauf beginnende uralte Bergmannslied und drittens ein „Laut erklingen die Trompeten" anfangendes Musikstück. Sie sind alle mit schmetternder Trompetenbegleitung gesetzt und schallen weit hinaus in die stille Winternacht, dem andächtig Lauschenden einen wundersamen Eindruck hinterlassend. Originell ist nun die Art und Weise, wie die ausführenden Sänger die ganze Sache in Szene setzen. Die Beteiligten sind die Knaben des Kirchenchors und die ihm beigegebenen Sänger, die Träger jener zum größten Teil charakteristischen Köpfe, welche man Sonntags auf dem Chore in der Nähe der Orgel immer sieht. In Winterkostümen, die mit Klappen versehene Pelzmütze tief über den Ohren, einen ungeheuren, gewöhnlich roten Schal um den Rockkragen gewunden, an den Füßen ein Paar riesige Filzschuhe („Latschen" sagt der Erzgebirger), am Rocke befestigt die unvermeidliche Laterne (oftmals eine „Bergmannsblende"), so nahen sich die dunklen Gestalten durch die nächtliche Finsternis des Dezembermorgens der Kirchnerwohnung. Hier versammeln sie sich zunächst, stärken sich wohl auch erst durch ein „Schälle Kaffee" zu dem großen Werke und klettern dann die endlosen Treppen im Turme hinauf. Mit inniger Begeisterung führen die meisten der Sänger diese nächtliche Wanderung durch, und es gibt förmliche Veteranen dabei. Von dem Einen derselben ward i. J. 1894 das 50-jährige „Jubiläum" gefeiert, wobei man ihm eine schöne Laterne und eine Pelzmütze als Geschenk überreichte. In dem langen Zeitraum von 51 Jahren hat er einmal die große Aktion versäumt: vollständig kostümiert, die Laterne neben sich und den Eisstock in der Hand, so war der zum Aufbruch Gerüstete auf einem Stuhle eingenickt und zu spät erwacht, als der Sang längst verklungen war. Man kann den Schmerz des Braven daraus ermessen, dass er ein ander Mal, als er fern der Heimat sein Brot erworben, nach Schluss der Arbeit am Weihnachtsabend 10 Stunden weit zu Fuß herbeigekommen war, um das „Turmsingen" mitzumachen und danach wieder zu Fuß nach seinem Standort zurückzukehren.

Der zweite Akt des großen Festdramas nimmt nach 5 Uhr seinen Anfang und spielt sich im Gotteshause selbst ab. Dicht geschart schon stehen an den Pforten die von fern her, zum Teil von den umliegenden Dörfern und Einzelhäusern herbeigekommenen Mettenbesucher, und hineinströmt durch die endlich geöffneten Tore die Menge in die festlich erleuchtete Halle. Die Kronleuchter, alle Kappellen, Chor und Orgel, sowie der Altar und die Emporen erstrahlen im Kerzenschein, und Weihrauchdüfte durchziehen den weiten Raum. Wer von der Gemeinde zum Sitzen kommt, der hat sein Lichtlein noch extra bei sich; die Männer tragen vielfach Laternen, und hier kann man die modernsten Konstruktionen neben den jedenfalls sehr alten „Blenden" des Bergmanns beobachten. Diese sind laternenartige, mit Blech ausgeschlagene und nach vorn offene Kapseln, in denen ein Licht oder ein Öllämpchen brennt; älter noch und ganz verschieden davon sind die „Grubenlichter". Vom äußersten Osten und Westen des Erzgebirges liegen uns Nachrichten aus Chroniken vor, dass der Mettenpredigt „sonderlich zur Weihnachtszeit von hiesiger löblicher Bergknappschaft mit ihren brennenden Grubenlichtern auf denen Emporkirchen ein besonderes Ansehen von alten Zeiten her gegeben worden ist." Aber ebenso berichtet uns einer der Chronisten, dass zu Anfang des 18. Jahrhunderts dieser Brauch in einer neurestaurierten Kirche untersagt worden war, was einen förmlichen Aufruhr unter dem Bergvolke hervorgerufen hatte; in neuerer Zeit wiederholte sich aus gleichem Anlass dieses Verbot. Wundernehmen kann dasselbe aber nicht, denn diese Grubenlichter, die in Form und Einrichtung nach den pompejanischen Ausgrabungen schon im Altertum vorhanden waren, sind ziemlich groß und mit Talg und Lichtstümpfen gefüllt und haben als Dochte alte zerfaserte Bindfaden, Strumpfrester und dergl. Sie erzeugen eine trübrote Flamme, aber noch viel mehr dichten, schwarzen Qualm, der in förmlichen Wolken in die Höhe steigt, während glühende Funken – „Räspel" sagt der Erzgebirger – bei dem mit Ausdauer und Energie betriebenen Putzen auf die Menge im Schiff herabregnen. Diese Menge gleicht allerdings nicht der gewöhnlichen Art der Gottesdienstbesucher, da z. B. vielfach auch auf den Armen getragene Kinder dazu gehören, und daher ist auch ihr Verhalten anders als beim gewöhnlichen Gottesdienst: Ein dumpfes Geräusch, wie das Brausen des Meeres oder das Rauschen des vom Winde bewegten Bergwaldes dringt zu der Halle mächtiger Wölbung empor, selbst während der meist nur kurz gehaltenen Mettenpredigt. Das Hauptstück der ganzen Feier allein wird mit etwas mehr Ruhe angehört; es ist „die Weissagung" kurz benannt, welche mit Orchesterbegleitung, Trompetenschall und Paukenschlag gewöhnlich von einem Chorknaben gesungen wird, dem dazu ein Weihnachtslicht von jener Dicke leuchtet, wie sie in dem alten gebirgischen Weihnachtslied mit den Worten anschaulich angegeben ist:

„Nu sätt ämol das Lichtl a
Fer 22 Pfeng.
Mer müssens in ä Dippel (Töpfchen) stelln
Der Lächter is ze eng!"

„Höret an von Christo die Weissagung!", so beginnt der Gesang und besteht dann aus den Textworten (Jesaias 9), die beginnen: „Das Volk, so im Finstern wandelt, siehet ein großes Licht" u. s. f. Damit hat die Feier ihren Höhepunkt erreicht; bald öffnen sich die Tore, um die brausende Flut herauszulassen. In die noch immer finsteren Gassen zerfließt diese ziemlich rasch, denn viele Mettenbesucher müssen nun eilen, um zur Bescherung herzurichten, deren we sentlicher Bestandteil übrigens die in den letzten Wochen angefertigten Lichtträger, Engel, Bergleute (sogenannte „Steiger"), Pyramiden, „Berge" („Bethlehem") und Tannenbäume mit angezündeten Lichtern bilden. Die Angebinde sind beim Volke von denkbar bescheidenster Art; das Nötigste, was gebraucht wird an Kleidung oder dergleichen, wird auf den Tisch gelegt an diesem Morgen und höchstens noch für die kleineren Kinder ein billiges Spielzeug; die Hauptsache ist eben das Licht. Das war's auch dem Knaben, der vor langen Jahren am Christmorgen seine finstere Wohnung verließ. „Wo willst du denn hin, Kleiner?" „Iech wöllt mr ner (nur) de Lichter ben Nachbere asäh." „Nun, brennt Ihr denn keine an?" „Nä!" „Warum denn nicht?" „Wr hom kä Gäld." „Was ist denn dein Vater?" „Där is tut, un mei Mutter di duht klippeln (klöppeln), itze isse aber krank." Das Licht ist die fast einzige Weihnachtsfreude des Gebirgers, und diese Sehnsucht und diese Freude am Lichte ist wahrscheinlich das Erbteil der Bergmannsbevölkerung, deren einziger Freund bei schwerer Arbeit im dunklen Schoß der Erde, bei den Gefahren mancherlei, das Licht war und ist. Daher besteht heute noch auf einzelnen Gruben eine besondere „Bergmette", eine Zusammenkunft mit Lichtern an einem der Festtage in der „Hutstube", wo sich sonst die Leute vor der Einfahrt zum Gebet versammeln. Ehemals waren diese „Bergmetten" wohl viel verbreiteter. An den Festtagen versäumt der Erzgebirger nicht, einen jener größeren „Berge" zu besuchen, welche für ein geringes Eintrittsgeld des Abends der Menge geöffnet sind. In einzelnen Gegenden des Gebirges führt man auch noch alte „Weihnachtsspiele" auf, und die Reste derselben werden jetzt von berufener Hand gesammelt, um später zu erscheinen; in ihnen prägt sich wiederum die Freude des Volkes am Evangelium und seine Teilnahme am Leben des Herrn Jesus aus; aber die Hauptsache ist doch die Idee des Lichtes und deren Verkörperung in möglichster Menge von Lichtern und verschiedenster Gestaltung der Lichtträger.

H. Montanus (Heinrich Jacobi)

De Hammerschmieden suchen
en Christbaam

Der Hammerschmied-Edeward hatt' sich schu lang of Weihnachten gefrat. 's war 's erschte Mol, dass er sich en Christbaam reitu wollt. Er wollt aam de Mod aah a wing mitmachen. Sei Kamerad, der Förchtegott, hatt' sich vun ne belatschen lossen un wollt nu aah amol saah, wie sich a Weihnachten uhne a Kripp ausnimmt

A paar Tog virn Heiling Ohmd machen sich die zwee alten Freind naus in Wald, wu de schönsten Tanne wachsen. Denn a Tann sollt's sei. Der Edeward hatt' 's Strickel, der Förchtegott 's Hackel un a klaane Bügelsaag.

's dauret net lang, do kame se an a Tanneguhngd[1]. Wie se oder de schinn geroden Baamle asu stieh soong[2], hot se 's doch a wing derbarmt, mir nischt – dir nischt a paar dervu wagzeputzen.

„Muss 's dä akkerat a Tann sei?", fregt der Edeward.

„Inu, nutwennig is gerod net; ich wär aah mit en schinn Fichtel zefrieden!", maant der Förchtegott.

„Nusse wöll mer när noch a wing suchen, epper finden mer a ümgebrochens Baamel", sogt der Edeward.

Se suchen un spanne, 's find't sich oder nischt.

Do sieht der Edeward of aamol an 'ner Tann en rachten schinn Zwiesel[3], un daar Zwiesel hatt' en Gippel, wie er für en Christbaam net besser passen kunnt.

„Saah dir amol dan Zwiesel ah", maant der Edeward, „is dan sei Gippel net der schönste Christbaam?"

„Daar gieht, Edeward; daar macht sich!", stimmt der Förchtegott bei.

„Itze waar ich an der Tann naufklattern un 's Strickel üm dan Gippel schlinge, un dernoochert reißen mer'n ro. Do sieht's gerod aus, als wenn ne der Schnee rogebrochen hätt, un kaa Teifel waß[4], doss mir a wing noochgeholfen hoom."

Su wur'sch aah gemacht.

Der Edeward band sich ne Strick üme Arm un krablet an der Tann nauf. –

„Inu ihr Spitzbuhmgesellschaft, eich sölln doch geleich neineneinzig kurländische Dunnerwatter in Moong fahrn!", ging's of aamol lus, mit ener Stimm, doss 's fei orntlich ne Schnee vun de Baamle rogeflaadert hot! 's war der Farschter.

Der Förchtegott stund do mit der Hack un der Bügelsaag un bracht kaa arms Wörtel raus; der Edeward oder klaabet druhm an seiner Tann dra un frur langsam ah.

„Wos machst dä du do druhm, hä?", donnret der Farschter.

„Ich – ich – ich ho 's Laam sot, ich will mich aufhänge", stottret der Edeward in seiner Harzensangst.

„Su, also aufhänge willste dich; nu do häng dich när auf! Un wos machst dä du do?", freget er ne Förchtegott

„Ich – ich – ich will ne Edeward wieder oschneiden!"

S.

1 Guhngd, Jugend, junger Bestand
2 sahen
3 Nebenstamm
4 weiß

189

Horch! Horch! Dr heil'ge Ohmd is' heit!

S is' heil'ger Ohmd un Gott in Himmel
Hoot Weihnachtsstarrle ahgezündt',
„'s is' heil'ger Ohmd!" Su ruft's vun Türmel
Ins Harz vun arme Menschenkind.

Ruf laut, ruf laut, du Weihnachtsglöckel,
Heit söll as ärmste Menschenharz
När draufhorng off dei Weihnachtsklinge,
Drbei vergassen Nut un Schmarz.

An Weihnachtsohmd söll niemand denken
An schware Zeit, an's liebe Brot,
Denn über uns do is' noch aaner,
Dar uns noch net verlooßen hoot.

Glänzt hall, glänzt hall, ihr Weihnachtsstarrle,
Off unnrer Wald do fahlt as' Licht,
Ganz finster is' in Menschenharzen
Un finster mannichs Ahgesicht.

Singt laut, singt laut, ihr Weihnachtsglocken,
Ruft nei ins kranke Menschenharz,
Macht, doss de Menschen wieder singe
De Weihnachtslieder himmelwarts.

Wie oft de neie Menschen denken,
De Weihnachtslieder sei ze alt,
Un doch – is' geeder gung un glücklich,
Wenn's Weihnachtslied durchs Stübel schallt.

Vun unnern alten Weihnachtsglocken
De neie Zeit nischt wissen will,
Un doch – tät fahln dos Weihnachtsklinge,
Wie wär de Walt su tutenstill.

Mr härt doch itze gar nischt weter
Off unn'rer galdbegier'gen Walt,
Als doss de Menschenkinner reden
Vun früh bis ohmd vun Gald – vun Gald.

A mancher will de Weihnachtslichtle
Ne Menschen namme mit Gewalt,
Un doch – gäb's net dann Glanz, dann Schimmer,
Wie wärs bei uns su finster, – kalt.

Geeds bissel Glanz is' itze teier,
Doch heit is' hall de ganze Walt,
Ganz ümmesist glänzt's Weihnachtsstarrle
Vun Himmel über Wald un Fald.

Wie ward Ihr doch als Kind su glücklich,
Wenn kam de liebe Weihnachtszeit –
Un su söll's bleibm! Seid fruh un glücklich!
Horcht! Horcht! Dr heil'ge Ohmd is' heit!

Curt Rambach

Der Hofrat fährt ins Weihnachtsland

Endlich befinde ich mich auf der Kleinbahn in einem Abteil dritter Klasse. Um mich herum sitzen und stehen glückliche Menschen, die zum heiligen Abend nach ihrer Heimat fahren.

Allerhand Schachteln, Koffer und Körbe füllen im Übrigen den Wagen erdrückend aus. Es sind Weihnachtsgeschenke, vorsichtig doppelt und dreifach verpackt. Da gibt's fröhliches Grüßen; Jugendfreunde und Gespielinnen treffen einander nach Jahren zum ersten Male wieder. Ein junges Mädchen mit beängstigend roten Backen und einer noch röteren Schleife am Hut zeigt stolz und doch verschämt ihren Freundinnen eine Fotografie, die sie sorgsam aus dicker Watte enthüllt. Mit gierigen Blicken verschlingen diese das Bild, und auch die Burschen schauen von oben herab darauf. Es ist das Konterfei ihres Bräutigams, das den Eltern zu Weihnachten gezeigt werden soll. Das Original konnte leider nicht mitkommen, da es keinen Urlaub erhalten hatte.

Mit tüchtiger Verspätung gelangt der Zug an das Ziel meiner Wünsche. Die wenigen Menschen, die hier aussteigen, verlaufen sich schnell. Große, weiche Flocken fallen langsam vom Himmel, der sich bis auf die Erde herabsenkt. Sie taumeln unentschlossen durcheinander. Weihnachten im Gebirge! Weite weiße Flächen, dunkelschwarzer Wald. Feierliche Ruhe, jahrhunderttausendalte heilige Ruhe. Nur der Lärm ist augenblicklich, ist vorübergehend. Es ist mir, als ob ein Rätsel gelöst werden sollte.

Gleich unten liegt das Dorf. Es dämmert schon, und hier und da fängt ein rotes Lichtlein an durch den Schnee zu glitzern. Bald bin ich drunten. Kleine Kinder ziehen auf der Dorfstraße erwartungsfroh auf und ab. Sie singen innig und in falschen Tönen:

Du lieber, guter Heil'ger Christ,
Weil heute dein Geburtstag ist –

Die Fenster erleuchten sich. Ich sehe in einige Stuben hinein: Überall beschäftigen sich die Leute mit den letzten Vorbereitungen für das Christfest. Die ganze Familie ist eifrig tätig. Auch die Kinder helfen. Es ist nicht wie in der Stadt, wo die Kinder den Lichterbaum fertig geputzt vorfinden, wenn sie zur Bescherung in das bis dahin verschlossene Zimmer treten. Hier ist jeder, auch der kleinste Knirps, hilfreich, das Fest so stattlich und schön wie möglich zu gestalten. Schon wochenlang wird vorher „gebästelt". Die Weihnachtskrippen, die oft Hunderte von Figuren haben, fordern jahrelange, mühevolle Arbeit. Einiges hat schon der Großvater geschnitzt, als er noch ein junger Bursch war, der Vater arbeitet weiter am Werke, und die Kleinen helfen, so gut es geht, und sehen mit strahlenden Augen zu, wie sich das alles täglich herrlicher und prächtiger gestaltet. Der kleine Fritz hat bereits alle Finger verbunden, weil er – jeder Technik bar – sich öfter als die andern schnitt. In einem echten und rechten Erzgebirgsdorf wird fast jeder vor Weihnachten zum eifrigen Künstler. Bei solchem Fleiß, der die Abende bis zur Mitternacht verlängert, kann der Lohn nicht ausbleiben, und die Arbeit lobt den Meister. Und mehr wird nicht erwartet, denn keiner denkt daran, seine Schnitzerei zu verkaufen.

Von 6 bis 7 Uhr ist das Dorf am schönsten beleuchtet, wurde mir gesagt. Ich trat also gegen 6 Uhr, beschwert mit einem Kistchen Schokolade, einen Rundgang an. Tausend Lichter brennen. Bergmannsleuchter, Türken und weiße, große Weihnachtsengel mit sonderlichen Lichtkränzen stehen auf den Fensterbrettern. Überall kann man ungehindert in die Stuben blicken, kein Vorhang verhüllt neidisch die Weihnachtspracht. Bergspinnen, das sind Hängeleuchter, Pyramiden, Krippen strahlen verschwenderisch Licht aus. Und die Familienmitglieder stehen bewundernd vor den selbstgeschaffenen Werken. Ich ging in viele Stuben hinein. Die übertropische Hitze, die in ihnen herrschte, hielt mich nicht ab. Die Leute waren glücklich, dass ein Fremder sich mit ihnen freute.

Dort hält ein kleines Mädchen sein Bischekind empor und erklärt ihm umständlich, wie der Engel den Hirten die frohe Mär verkündet. Da sitzt ein altes Paar still vor einer Krippe. Niemand ist sonst im Zimmer – kein Enkelkind –, nur für die Alten brennen die Lichter und leuchten die bunten Christsterne. Sie haben das alles nur für sich aufgebaut. Ohne Krippe wär's ja kein richtiges Weihnachtsfest gewesen. Und die Krippe kann ja so gut erzählen, viel besser als alle Menschen.

Und welche Abwechslung ist in den Krippen! Bergleute hämmern, die Gestalten der Heiligen Geschichte nahen

sich, da unten saust ein Eisenbahnzug, und hier oben erlegt soeben, nicht weit von den Jüngern, Stülpners Karl, der erzgebirgische Wildschütz, einen überaus feisten Hirsch. Dort sieht man mit wehenden Fahnen eine Bergparade, die Tür einer Kirche öffnet sich, und heraus tritt der Pfarrer, um den Zug zu begrüßen. Ein Springbrunnen rauscht, und Joseph und Maria mit dem Christkinde fliehen an ihm vorüber nach dem fernen Ägypterland. Oben aber in den Bergen rodeln die Menschen höchst vergnüglich.

Man kann über diese Ungereimtheiten wohl lächeln. Aber bei unseren einfachen Volkskünstlern ist der Weihnachtsgedanke so lebendig, dass er jedes Jahr von neuem entsteht. Die Krippenverfertiger sehen daher nichts Absonderliches darin, wenn sie in ihren Werken Vergangenheit und Gegenwart verbinden.

Nun noch einen kurzen Blick von den Krippen, den in Holz geschnitzten Volksliedern, in die anderen Teile der Stube. Die Bescherungen sind einfach: wenig Spielzeug, aber nützliche Gebrauchsgegenstände. In einigen Stuben ist der Tisch mit neunerlei Gerichten gedeckt.

Semmelmilch darf dabei nicht fehlen und bleibt die ganze Nacht über stehen. Oft waren die Dielen mit Stroh belegt, ein Gebrauch, der an den Stall zu Bethlehem erinnern soll. Viele Familien bleiben die ganze heilige Nacht munter, läuten doch bereits früh 3 Uhr die Glocken zur Christmette.

Wie ein Weihnachtsmärchen ist eine erzgebirgische Christmette. Nach vier kommen schon die Leute zur Kirche gezogen. Es ist bitter kalt. Ein klarer Sternenhimmel funkelt tausendfältig hernieder, und der Schnee knirscht bei jedem Tritt. Überall flimmern jetzt kleine Erdenlichter, von den fernen Bergen und aus dem schwarzen Wald gelitzert es. Die Kirchgänger sind's, ein Licht in der Hand. Und die Kinder spielen heute eine gar bedeutsame Rolle. Sie sind leibhaftige Engel in langen weißen Gewändern. Auf dem Kopfe tragen die Mädchen kleine goldene Kronen, und goldene Flügel machen das Engelbild fertig. An den Füßen aber haben die Engelein große, dicke Filzschuhe, denn sie mussten ja durch hohen Schnee pilgern, und die Flügel taugten leider zum Fliegen nichts. Manche hatten schon einen stundenlangen Weg hinter sich und vor grimmer Kälte sich rote Näschen zugelegt. Die Jungen standen den Mädchen an Engelhaftigkeit nichts nach, was ich mit Freuden berichten muss. Auch sie hatten lange weiße Gewänder an. Bei einigen waren es die Feiertagshemden ihrer Väter. Ganz besonders aber wirkten die bunten Schärpen und zumal die hohen güldenen Pappmützen mit durchbrochener Arbeit. In der Mitte dieser absonderlichen Kopfbedeckungen brannte ein Licht. Da hieß es, hübsch gerade einhergehen, was bei der Glätte des Bodens oft bedenkliche Schwierigkeiten hatte.

In der Kirche ist es gestopft voll. Unter Orgelton und kräftiger Jericho-Musik kommen die Engel in langem Zuge bis auf den erhöhten Altarplatz, wo sie sich aufstellen. Die Kirchenbesucher spähen nach ihren Engeln und freuen sich, wenn sie besonders engelhaft anzuschauen sind. Das feierliche Spiel beginnt. Ein Englein singt mit frischer Stimme die Verkündigung von der Kanzel. Das war ein Lerchenlied im Winter. Die Hirten und die heiligen drei Könige treten auf und sagen Rede und Gegenrede. Dazwischen hält der Pfarrer eine kurze Predigt über das Fest aller Feste und nimmt

auf die heimischen Gebräuche Bezug. Dann folgt wechselseitiger Gesang der Engel und der Gemeinde; kurz und gut, eine schlichte Feier ist's, wie man sie sich schöner gar nicht denken kann, ein echtes und rechtes Weihnachtsspiel, wie kein Stadtkind es in allen seinen Märchenaufführungen mit Ballett und bengalischer Beleuchtung erlebt.

Wenn die Mette beendet ist, da leuchtet mit schwachem Scheine schon das Frühlicht hinter den Waldbergen hervor und begrüßt die vielen Menschen, die nach Hause ziehen. Die ersten Strahlen der Sonne glitzern in den Papierkronen der glücklichen Kinder. Und die Kinder sind stolz, dass sie heute Engel sind, dass sie so schön gesungen haben und dass sie gar so lieb aussehen. Die Musikanten aber erklären, dass sie, ungeachtet der frühen Morgenstunde, Durst hätten. Mit den Leinenwebern und Bürstenbindern, denen der Volksmund stets eine trockene Gurgel zuschreibt, gehören sie einer Zunft an, die an Fest- und anderen Tagen das Trinken nicht verachtet.

Oskar Seyffert

Heiliger Abend

Ich gehe oft im Heimwehwind,
wenn Dämm'rung ihre Fäden spinnt,
jetzt durch die lichtergoldnen Gassen
und möchte liebe Hände fassen
und all die Jahre, die vergangen sind.
Du Weihnachtslust in unsern Bergen,
als noch das ganze süße Märchen
in unserer Kindheitskammer schlief
und alter Herd und Kachelofen
von Glück uns sang mit frohen Strophen
und uns in voller Zahl zu Gaste rief!
O alter Kinder-Weihnachtstraum
mit Pyramide und mit Kerzenbaum,
mit Turmmusik und Mettenläuten
und Budenspiel und Mädelfreuden!
Und dann – o ja nicht zu vergessen –
das große Heilig-Abend-Essen,
fast Schlemmerei in lieber kleiner Armutei!
Wie traut, wenn Vaters Vesperglocke klang!
Es war einmal. War's gestern? Oder lang
vorbei? Und doch, war es nicht schön? Nicht Glück?
War's nicht ein wunderbares Stück
vom großen Menschentraum: dem Leben,
das unser Herrgott uns gegeben? –
Und immer, wenn wir noch das Essen haben
und uns am Heiligen Abend laben
und die Erinnerungen steigen,
dann hören wir die alten Geigen:
dann sitzen mit uns treu und träumerisch,
enttaucht dem dunkeln Todesschweigen,
emporgeblüht ins Licht des Lebensreigen,
die lieben beiden Eltern still am Tisch.

Fritz Alfred Zimmer

Heiliger Obnd

Der Türmer hot scho agezündt,
nu gieht aa 's Laiten lus.
Macht 's Fanster auf, losst rei geschwind
dan Weihnachtsglockengruß.
De klane Glock lett erscht allaa,
un nu kimmt, horcht när hi,
de mittlere, de zweete dra,
dos klingt doch wahrlich schie.

Un pautz, itze fällt de gruße ei,
horcht när, ihr Leit, die Pracht!
Wie schie klingt dos, wenn alle drei
su lummern durch de Nacht.
Klingt net dos Heilig-Obnd-Gelait,
als käm's von Himmel ro?
Als rufet's „Freu dich Christenheit,
nu is Weihnachten do!"

Itze hobn de Gunge ihr Geschäft,
hall werd's in jeder Eck.
Saaht när, dort wu der Lechter läft,
dos Wimmeln an der Deck!
Zündt nu es heilge Obndlicht a,
ne Steiger un ne Dock.
Un doss sich jeds dra freie ka,
stell's of ne Fansterstock.

Inu die Raacherkerzle zamm,
dos Wächeln krumb un grod,
mer möcht geleich zwee Nosen hamm,
un krieget doch net sot.
Ich sog's eich, losst ne grußen Gung
net in der Kammer naus,
dar knaupelt aus ne Stolln und Kuchn
fei de Rosining raus.

Nu hult es Weihnachtsliederbuch,
mer singe bis zer Mett.
Un Stolln un Kaffee gibt's genug,
do gieht doch kaans ze Bett.
Wos singe mer dä ze allererscht?,
fregt's Minel ne Vetter Fried.
Nu dos, wos de an libbsten härscht:
es Heilig-Obnd-Lied.

Guido Meyer

Is aah verschneit geder Waag un Staag –
S' Bornkinnel findt derhalm doch senn Waag!

M. M.

Zr Mettn, hent, do ginne mr
Fei allezamm, Ihr Leit!
Schloft mit Bedacht, nooch stinne mr
A auf zer rachtn Zeit.

H. Montanus (Heinrich Jacobi)

„Drüm lasst zen neie Gahr ons wünschen Gelück on Segen, Zefriedenheit"

Von den Internächten, der Jahreswende und Hohneujahr

Weihnachten im alten Erzgebirge. Dazu gehört ebenso wie die lange Vorbereitungs- eine längere Nachklangszeit als anderswo. Den Weihnachtstagen folgten die von Mythen umwobenen Internächte, folgten die beiden „Heiligen Abende" vor Neujahr (= Silvester) und vor dem Dreikönigstag, der im Erzgebirge noch heute Hohneujahr heißt, und in manchen Familien blieb das „Männelzeug" bis zum 2. Februar, dem alten Gedächtnistag „Mariä Lichtmess", stehen, um dann sorgfältig weggepackt zu werden bis zum nächsten „Männelwecken".

Die Inter- oder heiligen zwölf Nächte waren vor allem von Losbräuchen begleitet, wie auch das Bleigießen einer ist. Das Neunerlei, das mancherorts an allen drei Heiligabenden auf den Tisch kam, gehört in diesen Umkreis ebenso wie die zwölf Besuche in der Nachbarschaft zum Stollenprobieren, die zwölf gute, friedliche Monate bewirken sollten.

Dem Neujahrstag, dem traditionellen Tag für Glückwünsche und Glückwunschbesuche, folgte der Dreikönigstag mit den Königscharen, die in der Adventszeit als Engelscharen herumgezogen waren.

Die mit den adventlichen und weihnachtlichen Wochen verbundene Sehnsucht der Erzgebirger nach Frieden und Zufriedenheit hat am gemütvollsten der unvergessene Anton Günther (1876–1937) besungen: „O Weihnachtszeit! Du brengst wieder Frieden", so 1904 in „O selige Weihnachtszeit" und so 1926 in seinem Neujahrsgedicht „Zen Neie Gahr": „Drüm lasst zen neie Gahr ons wünschen / Gelück on Segen, Zefriedenheit."

E. H.

Zen Neie Gahr

Es alte Gahr dos is verschwonden
weit nei in aller Ewigkeit.
Wu sei se hi die Tog on Stonden,
wu is se hi die alte Zeit?
    O Menschenharz gaab dich zefrieden,
    wos aamol war, dos is vorbei,
    der Herrgott mög ons när behüten
    in neie Gahr de alte Trei!

O wie viel Hoffning, wie viel Kommer,
Freid, Sorg on Lust, Gelück on Wart
is mit dan alten Gahr vergange!
Gar manichs ruht in kühler Ard.
    O Menschenharz gaab dich zefrieden,
    wos aamol war, dos is vorbei,
    der Herrgott mög ons när behüten
    in neie Gahr de alte Trei!

's hot jeder Mensch sei Huck, sei Packel,
sei Kreiz ze trogn, öb arm öb reich,
ben erschten on ben letzten Stündel
do sei mir Menschen alle gleich.
    O Menschenharz gaab dich zefrieden,
    wos aamol war, dos is vorbei,
    der Herrgott mög ons när behüten
    in neie Gahr de alte Trei!

Drüm losst zen neie Gahr ons wünschen
Gelück on Segn, Zefriedenheit,
gesonden Sinn, gesonde Glieder,
es andere kömmt nort mit der Zeit.
    O Menschenharz gaab dich zefrieden,
    wos aamol war, dos is vorbei,
    der Herrgott mög ons när behüten
    in neie Gahr de alte Trei!

Anton Günther

Von Weihnachten bis Hochneujahr

Von Weihnachten bis Hochneujahr dauern die zwölf
Nächte oder Unternächte. Was man dann träumt, das wird
in den nachfolgenden zwölf Monaten der Reihe nach in Erfüllung gehen.

In den zwölf Nächten darf man nicht die Nägel und
Haare verschneiden.

Wenn man in den zwölf Nächten Wäsche auf dem Boden hängen hat, kommt Krankheit.

In Sayda im Erzgebirge geht man am ersten Feiertage
früh vier Uhr mit brennender Wachskerze in die Kirche,
und mit der flammenden Kerze in der Hand hört man die
Predigt an.

(überliefert; um 1898)

Die Internächte

„Inter" ist ein lateinisches Wort und bedeutet „zwischen". Die Bezeichnung der zwischen dem Weihnachtsheiligabende und dem Hohenneujahr liegenden Nächte als „Internächte" wird also erklärlich sein. In den Internächten hielt zur vorchristlichen Zeit die Göttin Freia ihren Umzug durch das Land und sah nach, ob überall in den Häusern, in den Gärten, auf den Feldern Ordnung herrsche. An den Umzug der Freia wurde in meinem Dörfchen fest geglaubt. Darum sorgte man auch dafür, dass in dieser Zeit Vorräte im Haus waren. Den Obstbäumen band man, um Fürsorge zu bekunden, ein Strohband um den Stamm. Auf den Feldern musste der Dünger ordentlich aufbereitet sein. Die Träume in den „Internächten" waren ganz gewiss Eingebungen der Freia und gingen unfehlbar in Erfüllung.

Für besonders wichtig wurden die Heiligabende am 24. und 31. Dezember, wie am 5. Januar gehalten. Da gossen die großen Mädchen flüssig gemachtes Blei in ein Gefäß mit Wasser und schlossen aus den entstehenden wunderlichen Gebilden ihre Zukunft. Da warfen die Mägde einen Schuh rücklings über den Kopf und nahmen an, dass die Richtung des niedergefallenen Schuhes anzeige, ob sie im kommenden Jahr das Haus verlassen würden. Da gingen die Männer um Mitternacht auf einen Kreuzweg oder auf dem Kirchturm „horchen". In größter Stille verharrten die Horcher und bauten sich aus dem, was sie im nächtlichen Dunkel sahen oder hörten, die Zukunft zusammen.

Meinst du nicht, lieber Freund, dass Krieg kommen musste, wenn „Neubauers Franz", um dem Horcher am Kreuzwege bei der Kirche etwas zu hören zu geben, hinter der Linde am Kirchberg einen gedämpften Trommelwirbel schlug?

Ich sehe ab von der Erwähnung anderer abergläubischer Bräuche und bemerke zum Schlusse nur noch, dass nach meinen Beobachtungen einzig und allein der ihnen anheftende poetische Reiz sie bis in unsere Tage erhalten hat.

Reinhard Rother

Nach dem Fest

Verrauscht ist das Fest, zerronnen der Traum,
geplündert der strahlende Tannenbaum.
Nun traben wir wieder in üblicher Weise
mit Sorgen und Mühen im Alltagsgeleise.
Doch sind mir freilich auch manche lieben
Erinnerungen ans Fest geblieben,
zum Beispiel ein Goldstück, das letzte der Art,
das wie durch ein Wunder gerettet ward,
und ferner der Lärm in der Kinderstube,
wo fleißig das Mädchen sowohl wie der Bube
durch Martermaschinen und grelle Trompeten
die reizbaren Nerven stückweise töten.
Der Hampelmann liegt leider schwer verletzt,
die Bilderbücher sind restlos zerfetzt,
doch von den ohrenbetäubenden Dingen
ist keins zu zerbrechen und umzubringen.

Da soll ich im Bette nun ruhn und gesunden;
mein Leib hat 'nen Umschlag, mein Kopf ist verbunden,
ein Zustand, der ebenfalls ans Fest
mir eine liebe Erinnerung lässt.
Und dennoch, ich will nicht murren und klagen,
wie sehr mich auch schmerzen die Stirn und der Magen,
ich will nicht schelten, will danken dem Sekt,
dem Karpfen, dem Hasen: wie hat das geschmeckt!
Wie hab ich geschwelgt in Delikatessen,
gegessen, getrunken, getrunken, gegessen!
Nun will ich geduldig die Folgen ertragen
und will nicht murren und will nicht klagen,
will sorgen nur, dass ich schleunigst gesunde,
damit ich in der Silvesterstunde
mit fröhlichen Leuten als fröhlicher Mann
„Prost Neujahr!“ rufen und trinken kann.

(Kirchberger Tageblatt, Nr. 1B, 1. Januar 1914)

Vor fünfzig Jahren

(Erinnerungen)

„Prost Neujahr!", riefen schon am hellen Mittag des Silvester die Kinder in der kleinen Stadt durch die schneebedeckten Straßen, an deren Reinigung keine Seele dachte. Ein eigentümliches Leben und Treiben herrschte auf den Bürgersteigen. Alles war den dumpfen Gemächern entflohen, um am letzten Tag des Jahres noch einmal die Nachbarn zu begrüßen und die Häuser zu beschauen, gleich als beginne von morgen ab ein neues Leben, eine neue Welt. Die Handwerker legten schon um vier Uhr ihr Werkzeug zusammen, und der kleine Beamte wagte, sobald der Chef das Beispiel gegeben, den Rückzug eine volle Stunde vor der Amtszeit. Wenn es dämmrig zu werden begann, huschten in der Außenstadt, wo die Ackerbürger wohnten, seltsame Gestalten durch die Gassen, gefolgt von gröhlenden Schwärmen der Lehrlinge und Schüler. Meist waren jene als Bären oder Hirsche vermummt mittels übergehangener Schlittendecken und mächtiger Geweihe. Sie führten groteske Tänze vor den Häusern aus, hinter deren Scheiben hübsche Mädchenköpfe hervorlugten, schreckten die kleinen Kinder, indem sie heimlich gezündete Schwärmer und Frösche unter sie warfen. Das gab ein lustiges Kreischen, Flüchten und Purzeln. Den heidnischen Mummen der Wintersonnwende aber brachten die ehrsamen Stadtbauern süßen Honigschnaps und ihre braunarmigen Ehehälften dampfendes Warmbier zum Lohn für die ihnen erwiesene Auszeichnung. Dann ging der Zug weiter, um an den nächstgrößten Düngerhaufen vor den Fenstern haltzumachen, denn nach deren Maß war der Besitz und demzufolge die Würdigkeit des Eigentümers leicht zu schätzen.

(Kirchberger Nachrichtsblatt, Nr. 2, 5. Januar 1876)

Silvesterfeier in Altenberg und im Hirschsprunger Tal

Besonders stimmungsvoll war die Silvesterfeier. Etwa um vier Uhr nachmittags begann der Aufstieg zum Gottesdienst nach Altenberg. Das war wegen der Windsbraut, die dort oben über den Höhen toste, keine Kleinigkeit. Hohe Stiefel, Bergstock und Laterne waren unerlässlich. Jeder und jede war bis zur Unkenntlichkeit vermummt. Nur langsam kam die Marschkolonne durch die tiefen Schneewehen vorwärts, den Beschluss machte ein von den Jüngsten gezogener Handschlitten mit gut verpackten heißen Ziegelsteinen, die die damals noch fehlende Heizung der Kirche ersetzten. War es trockenkalt, so flimmerten die Sterne, und der Schnee klang wie springendes Glas, herrschte aber Schneetreiben, so fürchtete man besonders das letzte Stück des Aufstiegs, die Gegend der Pfarrscheunen. Dort fegte der Nordwind quer über die Straße und das offene Feld, dass es einem den Atem benahm. Mit glühenden Gesichtern standen wir schließlich vor der erleuchteten Kirche. Drinnen strahlten rechts und links vom Altar die großen Christbäume. Wie feierlich klang da das Silvesterlied der enggedrängten Gemeinde, wie andächtig lauschte jeder dem Prediger, der Vergangenheit, Gegenwart und Zukunft an dieser Zeitenwende unter Gottes Wort stellte und ineinander verwob. Ganz eigenartig war der Schluss der Feier. Während die Gemeinde das Gotteshaus verließ und sich draußen noch einmal sammelte, schmetterten die Chorjungen hoch vom Turm das alte Schneeberger Bergmannslied in die Nacht hinaus:

> Glückauf!
> Der Bergfürst ist erschienen,
> Das große Licht der Welt!
> Er heißet Rat, Kraft, Held,
> Auf, eilt ihn zu bedienen,
> Auf, Knappschaft komm zu Hauf,
> Glückauf!

Der Kampf der jungen Stimmen gegen den Wintergraus war so rührend, dass man trotz der Kälte auch nach dem letzten Tone noch ein Weilchen stehen blieb, bis eine helle Stimme von oben herabrief: „Git nar hem, 's kimmt nischt meh!"

Dann zog unsere kleine Schar wieder sorgsam vermummt in die Tiefe des heimatlichen Tales. Noch einmal galt's, den Kampf mit dem Nordsturm an der Pfarrscheune zu bestehen, aber schon vor der Rauschermühle atmete man „in der Geduld" soweit auf, dass man auf das Schellengeläut der Schlitten lauschte, die oben auf der Dresden-Teplitzer Straße vorüberhuschten. Und bald erglänzten die hellen Tupfen der Christbaumlichter aus dem ersten Hirschsprunger Fenster. Mit Behagen streckte man die auftauenden Füße unter den warmen Herdsitz des gastlichen Hauses, das in diesem Jahre die Silvesterbewirtung lieferte. Wie schmeckten da der Heringssalat und der Silvesterpunsch! Um Mitternacht öffnete man auf einen Augenblick die Fenster und erlauschte bei günstigem Wind eine überirdisch dünne Klangwelle der Neujahrsglocken von Schellerhau. Der gemeinsam gesungene Choral: „Nun danket alle Gott" beschloss die ernste Stunde, die uns alle wieder einander um so viel näher gebracht hatte. Ach, es waren ja noch die schönen Zeiten vor dem Weltkrieg, und der Tod hatte noch nicht die schmerzlichsten und unersetzlichsten Lücken in unseren kleinen Kreis gerissen! ...

So wurde uns allen im Laufe der Jahre der Begriff Hirschsprung gleichbedeutend mit Frieden und Glück, und die oft gedankenlos nachgesprochene Behauptung, der immer wiederholte Besuch ein- und derselben Gegend wirke auf die Dauer langweilig, fand hier ihre Widerlegung. Denn je mehr wir auch in die stilleren und geheimeren Reize unserer Waldheimat eindrangen und mit ihr verwuchsen, umso inniger lernten wir sie lieben. Und die Hirschsprunger Landschaft verdient in der Tat unter den vielen schönen Gegenden des Erzgebirges ihren besonderen Platz.

Otto Eduard Schmidt

Neujahrsgratulanten

Jedes Mal, wenn das neue Jahr das alte sacht ablöst, wünsche ich mir das eine zu hören: den erzgebirgischen Neujahrsgruß: „Ein glickliches neies Gohr!"

Gläserklang und Glückwunsch, das feierliche Silvestergeläut vom Turme der alten Rittergutskirche Pfaffroda, wo wir alljährlich im Freundeskreise das neue Jahr begrüßten, sie bekamen erst die rechte Weihe und Gültigkeit, wenn mitten hinein ins Schellengeläut und Pferdegetrappel der fröhliche Ruf erschallte. Noch klingt er mir deutlich im Ohr. Er war nicht feierlich und ganz gewiss nicht förmlich, war keine Redensart, sondern kam aus einem bewegten, schalkhaften Herzen. Der Ruf dünkte uns solch gutes Omen, dass wir späterhin immer wieder versucht haben, ihn nachzuahmen, um uns bei Jahresbeginn aufzumuntern. Oft versagte uns dabei ein wenig die Stimme. War es Heimweh, waren wir jener Schalkhaftigkeit allzu fern gerückt?

Jahresbeginn in Kindertagen! Nach kurzem Schlummer begann der nebelig verschneite Neujahrsmorgen feierlich und gewichtig. Im Gänsemarsch traten wir an und entboten den Eltern unsere Wünsche. Mit ein paar Redensarten war es dabei nicht getan. Es galt, den Verstand zusammenzunehmen, lange vorher den deutschen Dichterwald bedächtig zu durchblättern. Denn wir mussten an diesem Tage dem Vater beweisen, dass wir im vergangenen Jahre nicht nur an Alter zugenommen, sondern auch an Verstand. Waren unsere kleinen Darbietungen gelungen, dann sahen wir verstohlene Freudentränen, hörten ein silbernes Klimpern in unseren kleinen Sparbüchsen.

Die fernen Großeltern empfingen am Neujahrsmorgen die feierlichen Bogen, oft unter Seufzen und Mühen geschrieben. Eine spätere Zeit hat diese förmlichen Achtungsbezeugungen verurteilt. Jedoch, als ich viele Jahre später im Nachlass teurer Verstorbener die sorgsam gemalten Briefe mit der Versicherung unseres Respekts, die lateinischen oder französischen Glückwunschbriefe fand, treulich verwahrt, erkannte ich doch ihren Wert. Sie hatten unserm Kindersinn eingeprägt, dass es im sorglosen Ablauf des Jahres eine Kerbe gibt, an der man gut tut, sich Rechenschaft abzulegen und seinen Lieben sich in empfehlende Erinnerung zu bringen.

Nach dem Frühstück begann im Esszimmer ein geschäftiges Treiben. Des Neujahrsmorgens feierlichstes Ereignis stand bevor: die Glückwünsche der Waldarbeiter, des Waldwärters, des Försters. Wir alle halfen, den Tisch zu decken und zu schmücken, die lange Tafel, denn es war ein vielköpfiger Zug der Getreuen zu erwarten. Auf den Platten türmten sich leckere Brote, im Kruge duftete Warmbier, und eine gute Flasche Wein stand bereit. Der Vater ging indessen im Arbeitszimmer nachdenklich auf und ab, angetan mit der schönen, grünen Forstuniform, den Hirschfänger an der Seite. Hier und dort rückte er ein Gehörn zurecht, nahm die eine oder andere Jagdtrophäe, die ihm das Jahr gebracht, von der Wand und sann in dieser stillen Morgenstunde den Dingen nach, die seinem Waldrevier hinfort förderlich sein würden. Bis im Flur ein gewaltiges Stapfen erklang.

Dann kamen sie herein, einer nach dem andern, um ihre Glückwünsche darzubringen. Ihre Gesichter werden mir immerdar gegenwärtig sein. Meist waren es Abkömmlinge alter Generationen von Waldarbeitern, Männer, deren Großväter und Väter im Dienste des Waldes gestanden, die die schwere Holzabfuhr im vereisten Winter und die pflegliche Pflanzarbeit im Sommer als Lebensbrot gehabt. Gesichter, die sich im Wandel der Jahre kaum veränderten, die nicht das Alter zermürbte, die allein der Wald braun beizte, die seine ewigen Gesetze ausmeißelten, wodurch sie knorrig und ehrwürdig wurden. Als kleines Kind mochte der Eindruck so stark auf mich gewirkt haben, dass ich des Glaubens war, aus ihren Adern fließe goldenes Harz statt roten Blutes. Sie reichten uns ihre Hände und brachten auch uns ihre Wünsche dar, die aus dem Herzen kamen und die sehr einfach waren und etwa den Sinn hatten: macht euren Eltern weiterhin Freude.

Ich sehe diesen Zug wiederum vor mir ... manchen unter ihnen nahm der Weltkrieg. Manches Antlitz ist mir unzertrennlich geworden vom Rahmen des feldgrauen Kleides, vom Bilde des heimkehrenden, erschöpften Kriegers, Sinnbild deutschen Schicksals.

Damals tauchte hinter ihnen das bärtige Gesicht des Försters auf, der uns schalkhaft zuzwinkerte. Ach, er verdiente wohl eine Geschichte ganz für sich allein, dieser treue Freund unserer Kindheit. Je näher wir ihm ans Herz wuchsen, desto rauere Scheltworte hatte er für uns bereit.

„Verfluchte Kerle!", flüsterte er uns am Neujahrsmorgen zu. Das hieß übersetzt: Ich bin euch gut aus einem goldenen Herzen.

Man begab sich zu Tisch, und alsbald begann die Unterhaltung, der wir Kinder aufmerksam lauschten, während wir Brötchen reichten, dem einen oder anderen mit freundlich unbefangenem Kindersinn über eine leise Verlegenheit hinweghelfend, dabei für Zigarren und Feuer sorgend, den Wein einschenkend.

Der Waldwärter hatte eine Neujahrsüberraschung bereit, ein „freudiges Drama", wie er es, in funkelnden Worten gern schwelgend, zu nennen pflegte. In der Silvesternacht war ein starker Fuchs ins Eisen gegangen! Eines kam zum andern. Geschichten aus dem dichtverschneiten Gebirgswalde, von luftigen Höhen und versteckten Tälern, vom Silvesterläuten in der runden Kuppelkirche des Spielzeugdorfes Seiffen, von Schneebruch und Raufrost, wohl auch von Fallwild. Karge Worte, die uns aber den Wald lebendig machten und des neuen Jahres Leitmusik unmerklich anschlugen: das einfache, gute Leben glücklicher Forstmannskinder.

Als der Wein eingeschenkt war, ergab sich eine feierliche, kurze Stille. Der wortfrohe Waldwärter erhob sich zu einer Ansprache und ließ es sich nicht nehmen, das neue Jahr zu begrüßen. Alljährlich begann er mit derselben Wendung: „Am Ende unsres Daseins" und schloss mit einem deutlichen Hinweis auf die nicht gar zu ferne Zeit, in der uns alle einmal der kühle Rasen decken würde. Wir Kinder warteten auf diese schöne, gehobene Wendung, die uns keineswegs Unbehagen einflößte, sondern eine freundliche Zuversicht. Denn gleichwie draußen unaufhaltsam der Schnee fiel, so würde uns, wenn es an der Zeit war, einmal der kühle Rasen friedevoll zudecken. Das war kein Anlass zu Weichmut, weder für den, der sprach, noch für uns, die wir hörten. Es hätte uns etwas bitterlich gefehlt, wenn der Hinblick auf das Ende dieser Zeitlichkeit ausgeblieben wäre. Wer mag es wissen, vielleicht hat jener Gute sehr weise die Todesfurcht aus unseren Herzen zu bannen verstanden.

Nach dieser Ansprache, auf die Gläserklingen folgte, erhoben sich die Gratulanten. Einem jeden von ihnen reichte der Vater die Hand, und wir spürten deutlich die Achtung, mit der er es tat, die er für einen jeden bereit hatte, der im Dienste treu befunden ward. Alte Soldaten waren sie fast alle und ruckten beim Gruße zusammen zu einer straffen, gesammelten Haltung, die sich uns für alle Zeiten eingeprägt hat als gültig für die Begegnung von Mann zu Mann.

Neujahrsgratulanten! Heute grüße ich sie im Geiste und gedenke ihrer, die mir den Gruß der erzgebirgischen Heimat brachten, der da lautet: Ein munterer Sinn, ein fleißiger Tag, ein fröhliches Herz!

Lenelies Pause

Die drei Weisen aus'n Morgenland

Dr Starn hot aus'n Morgnland,
wu's Leit hot, die sei schwarzgebrannt,
drei Könign haargeführt.
Die haaßt mer de drei Weisen, ha,
aans oder is e schwarzer Ma,
er ist net ageschmiert.

Die käme zun Herudes nu
un säten, Harr, wie gieht dos zu?
Daar Starn bedett fei wos!
Do muss e Fürscht geburn wu sei,
daar muss dohiere wuhne fei,
mir Weisen kenne dos.

Herudes sat, ihr weisen Leit,
ihr seid, waß Gott, rächt sehr gescheit,
satt eich e bissei um!
Un wenn ihr ne gefunden hatt,
ne König, sogt mer fei de Statt,
ich kumm nort aah mit nüm!

De Heilign Könign gange fort,
dr Starn führt se an richtign Ort,
Bornkinnel, dos war do,
un Weihrauch, Merrne un aah Gold
se hatten's fei derham gehult –,
dos buten se ne a.

Nort hobn se oder'n Traam gehatt,
sei in Herudes seine Statt
net wieder higeraast.
Daar hätt mög gar dos Gungel fei
ümbrenge wölln, nu, 's ka schu sei,
schlacht war er, wie's su haaßt.

H. Montanus (Heinrich Jacobi)

Das ganze Jahr über Weihnachten

Gerne wurden Einladungen zum „Federschleißen" angenommen.

Diesen schönen Brauch pflegte man in der trüben Jahreszeit nach den weihnachtlichen Festtagen, in der Fastnachtszeit.

Federn waren das Einzige, was von den fetten Weihnachtsgänsen übrig blieb. Doch diese Hinterlassenschaft konnte nicht unbearbeitet in die Inletts wandern. Die harten Kiele hätten kein sanftes Träumen zugelassen, deshalb trennte man mit zwei Handgriffen die weichen Verästelungen davon ab.

Für diese Arbeit ließ man die Federn vorsichtig aus dem Sack, in dem sie aufbewahrt wurden, auf die Tischplatte gleiten. Damit sie nicht davonschwebten, vermied man allzu angeregte Unterhaltungen. Auch hastige Bewegungen mussten unterlassen werden. Husten oder Nießen konnte sich zur Katastrophe ausweiten und hätte eine passende Kulisse für das Märchen von Frau Holle abgegeben.

Weil die Bauern im Sommer keine Zeit für die Instandsetzung ihrer Kleidung erübrigen konnten, blieb alles Zerschlissene bis zum Winter liegen. Wenn dann die Frauen in den Bauernstuben zusammenkamen, fanden sie wahre Berge reparaturbedürftiger Textilien vor. Es vergingen mehrere Tage, bis alle Strümpfe gestopft, Hosenböden und Knieflecke eingesetzt und die Betttücher geflickt waren.

Der Bauer und die Knechte banden unterdessen im gleichen Raum Besen, besserten alte Körbe aus oder flochten neue.

Auch das Reparieren der zahlreichen im Spätherbst gewaschenen und auf dem Gartenzaun getrockneten Kartoffelsäcke war Männersache.

Den Mittelpunkt solcher Betätigung aber bildete stets das gute und reichliche Kaffeetrinken.

Während die Erwachsenen wie geschildert in der Winterzeit ihrer Beschäftigung in der großen Bauernstube nachgingen, freuten sich die Kinder, mit Puppenstuben und Pferdeställen spielen zu können.

Besonders gern hielten wir uns auf dem Heuboden auf. Hier bohrten wir ganze Höhlensysteme in das duftende Material. Leider setzte mir der Staub immer arg zu, der bei solcher Betätigung unvermeidlich war, und ich begrüßte es, wenn der Spielplatz bald darauf in den warmen Stall verlegt wurde.

Am liebsten spielten wir aber im Freien. Bis in den Abend hinein bauten wir Schneeburgen oder fuhren Schlitten.

Weil ich selber keine Skier besaß, benutzte ich oft den Schlitten in ähnlicher Weise. Ich stellte mich ganz hinten auf die Sitzfläche, nahm das geflochtene Zugseil straff angezogen in die rechte Hand, während ich die linke zum Balancieren benutzte, und fuhr zu Tal. Der Trick dabei: Durch das Anziehen des Seils und die damit verbundene Verlagerung meines Körpergewichtes nach hinten kam der Schlitten vorne hoch und drückte sich mit den Kufenenden so in die Piste, dass ich jederzeit anhalten konnte.

Die Verlagerung des Gewichtes von einem Standbein auf das andere ermöglichte Kurvenfahrten.

Gewiss, im Anfang war dies eine steißbeinverschleißende Sportart, und die schmerzende Rückseite zeugte von zahlreichen unfreiwilligen Abstiegen, aber danach klappte es vorzüglich, und ich konnte den Schlitten wie ein Reitpferd dirigieren. Meines Wissens zog ich als Einziger diese artistische Rodelnummer ab.

Der Schnee kam früh im Erzgebirge. Wenn im Oktober die Kartoffeln geerntet wurden, konnte es morgens sehr kalt sein, und man tat gut daran, warm gekleidet aufs Feld zu gehen. Gegen Mittag stiegen die Temperaturen oft so an, dass wir unsere Arbeit barfuß fortsetzten, um die Schuhe zu schonen. Doch plötzlich und unvermittelt brachte hin und wieder der erste Schneefall die Ernte ins Stocken.

Wenn dieser Schnee gewöhnlich auch nicht lange liegen blieb, war Eile geboten, denn bald brach der Winter mit

Macht herein. Schneeverwehungen von 4 oder 5 Meter Höhe galten nicht als Seltenheit, eher als Normalfall.

Die Straße musste, solange es ging, benutzbar bleiben, und man versuchte, die Schneemassen mit einem großen Schneepflug an die Seite zu drücken. Die Bauern wurden verpflichtet, ihre Pferde dafür einzusetzen. 32 Pferde zogen und schoben das Monstrum, das oft genug stecken blieb. Mitunter musste die Straße von Schaufelkolonnen mit der Hand geräumt werden.

Zur Einrichtung des Erzgebirgshauses gehörte auch die sogenannte „gute Stube". Aber nach der üblichen Sitte präsentierte sich ein solcher Raum das ganze Jahr hindurch im Schmucke weißer Bettlaken, die alle Einrichtungsgegenstände schützend abdeckten. Ob bei Bauern oder Bürgern, die Praxis in der Handhabung dieser Räume war überall die Gleiche: Sie durften nur zu hohen Festtagen benutzt werden, etwa zu Ostern, Pfingsten oder Weihnachten, zu Kindtaufen oder bei Sterbefällen. Diese Räume bei anderer Gelegenheit mit Schuhen zu betreten, wäre einer Tempelschändung gleich gekommen. Nur in Strümpfen und auf Zehenspitzen ging man hinein, wenn es aus irgendeinem Grund unumgänglich war.

Für mich ist es immer etwas Besonderes gewesen, wenn ich mit meiner Mutter einkaufen gehen durfte. Im Alter von vielleicht sechs oder sieben Jahren übten Handarbeitsgeschäfte eine große Anziehungskraft auf mich aus. Die nach Farben in Regalen geordnete Wolle oder die Schränkchen mit den Nähseiderollen und ihren vielen Farbnuancierungen hatten es mir angetan.

Ich konnte mich nicht satt sehen daran. Mein heißer Wunsch, so ein Schränkchen zu besitzen, musste verständlicherweise unerfüllt bleiben. Meine Sympathie für diese Sachen ist auch heute noch groß. Überhaupt habe ich an mir selbst erfahren, dass Zuneigungen zu Dingen aus Kindertagen auch im Erwachsenen erhalten und lebendig bleiben.

Auch die Kolonialwarenläden liebte ich sehr. Zwischen den Herings- und Sauerkrautfässern fühlte ich mich wohl. Mich interessierte es, wie der Senf mit einem schlürfenden Geräusch aus einem Steinguttopf gezapft wurde, wie sich zwischen großen rotierenden Rädern in kupfernen Behältern die Kaffeebohnen zu duftendem braunem Mehl verwandelten.

Den Werbeplakaten und den zahlreichen Verpackungen galt mein besonderes Interesse. Gerne heimste ich Werbematerial ein und Blätter, die extra für Kinder herausgegeben wurden. Zeichnete sich schon hier mein späterer Beruf als Werbegrafiker ab? Jedenfalls liebte ich diese Blättchen sehr. Sie bildeten den Ersatz für Bilder oder Malbücher, die meine Eltern aus finanziellen Gründen kaum kauften.

Sie stellten für mich einen richtigen Schatz dar.

Einige dieser Blätter haben sich trotz allem erhalten und befinden sich noch heute in meinem Besitz.

Kam nach einer langen Zeit der Vorfreude der Heilige Abend heran, so nahte neben der geheimnisvollen Feierlichkeit auch die alljährliche Enttäuschung. Wenn sie auch nicht so groß war, blieben doch ungestillte Sehnsüchte, denn statt der gewünschten Spielsachen und Bücher lagen Mützen, Handschuhe, Pullover und Strümpfe auf dem Gabentisch.

Gewiss, diese Dinge waren wertvoll, aber sie konnten ein Kinderherz nicht zufrieden stellen.

Eigenartigerweise hat sich meine Abneigung gegen Kleidungsstücke als Geschenkartikel erhalten.

Vielleicht ließ sich für Mädchen eher etwas auf die Beine stellen, denn der Malermeister des Ortes beschäftigte sich in der Weihnachtszeit vorwiegend damit, Puppenwiegen neu zu lackieren und alte Puppenstuben mit anderen Tapeten zu versehen.

Die Mütter häkelten unterdessen neue Kleider für die Püppchen.

Meine Geschenke für die Erwachsenen beschränkten sich im Wesentlichen auf Mutter, Großmutter, Tante und Onkel. Vater befand sich im Krieg oder später in Gefangenschaft. Ein Weihnachtszweig, sorgfältig auf den Feldpostbrief gezeichnet, musste genügen. Für die anderen wurde ein Gedicht oder ein Bibelspruch in Kunstschrift angefertigt und rankenreich mit Ölkreiden umrahmt.

Oder aber ich häkelte für Mutter Papierbindfaden mit Wollresten ein, damit sie eine Handtasche daraus machen konnte.

In unserer Familie war es üblich, einen Weihnachtsbaum zu schmücken. Großmutter verbrachte viele Stunden damit, Silberfäden eng aneinander auf alle Zweige, auch auf die kleinsten zu hängen. Dazu kamen uralte kunstvolle Silberkugeln und Eiszapfen aus Glas. Ihre Weihnachtsbäume genossen den Ruf, besondere Schmuckstücke zu sein.

Der warme Schein der brennenden Kerzen verlieh dem Baum ein märchenhaftes Aussehen.

Meine kleine Pyramide kam zuweilen so in Schwung, dass Hirte und Schafe es vorzogen, die rotierende Standfläche nach außen zu verlassen.

Herrliche Düfte verliehen dem Weihnachtsabend außerdem eine besondere Note. Ein alter Brauch schrieb das „Neunerlei", ein Menü von neun verschiedenen Speisen, als Abendessen vor. Neben Gänsebraten und Klößen gab es u. a. Sauerkraut und Würstchen.

Es war eine gute Gepflogenheit, dass Bauern, die das ganze Jahr hindurch von jemand mit Kartoffelschalen und Gemüseabfällen zur Schweinemast versorgt wurden, den edlen Spender nicht nur zum Schweineschlachten einluden, sondern ihm auch eine Gans aufzogen. Zu diesen Leuten gehörten wir ebenfalls. Andere wiederum schlachteten ein Kaninchen. Wahrscheinlich gab es nicht ein einziges Haus im Dorf ohne Kaninchenställe, und kurz vor Weihnachten hingen die abgehäuteten und ausgeschlachteten Tiere zum Auskühlen außen an den Fenstern.

Am 4. Advent fand auch ein Krippenspiel statt, das stets von uns Kindern aufgeführt wurde und nicht selten angesichts der improvisierten Bekleidung, der fantasievollen Requisiten und der zahllosen Versprecher zum heimlichen Lacherfolg geriet.

Der Heilige Abend durfte nicht zu lange ausgedehnt werden, denn gegen 5 Uhr morgens hieß es aufstehen, um in die Christmette zu gehen.

Mit der Christmette war Weihnachten im Gebirge nicht vorüber, nein, es fing von neuem an; denn hin und her in den Häusern begann man als Haupt- oder Nebenerwerb oder auch ganz privat zur eigenen Freude wieder die Dinge anzufertigen, die für das Erzgebirge typisch sind: Weihnachtsmänner, Bergleute und Engel, Rehe, Hirsche und Bäume, Leuchter, Lichterbogen, Pyramiden, Räuchermänner und Holzspielzeug.

Und deshalb hieß es nicht zu unrecht, im Erzgebirge sei das ganze Jahr hindurch Weihnachten.

Rolf Seiffert

Zun Gahresend

Nu ging fei aah der letzte Tog
vun Gahr ganz still ne annern nooch,
un jeder trug – su oder su –
vun dir a Stückel Labn dervu.

Oft haste gar kaa Obacht gabn,
se kame, un se ginge abn
der aane hinnern annern har;
bei dan ging's gut, bei gen derquar.

Bei manning war'sch, als blieb'r stil
de wulltst vür Nut un Angst vergih
a annrer hatt' kaum agefang',
do war'r miet der Lust vergang'.

Un nu, wu sei se alle hie?
De Frad, de Zeit un mir vergih! –
Un vun uns blebbt när dos zerück,
wos mir der Walt beschert an Gelück.

Martin Herrmann

Dos is mei Wunsch zun neie Gahr:
's söll besser sei, wie's alte war:
  Ne Stall vull Härner,
  Ne Buden vull Kärner,
  's Wasserhaus vull Millich,
  Kenn Menschen nischt schillig!

(überliefert; 1929)

Kurzbiografien der Autoren/Autorinnen und Quellenangaben

Die Angaben sind wie folgt gegliedert:

1. Absatz: Kurzbiografie

2. Absatz: Titel des Beitrages und Quelle des Textes (Mit * gekennzeichnete Titel stammen vom Herausgeber.) Bei der Angabe „In" handelt es sich um einen in sich geschlossenen Beitrag, der entnommen wurde, bei „Aus" um einen Textauszug.

Wenn ein Text einem eigenständigen Werk des Autors entnommen wurde, ist dieses mit seinem Titel als Quelle genannt. Texte, die Sammelwerken entstammen, sind an der Angabe „Hrsg." (= Herausgeber des titelmäßig aufgeführten Sammelwerkes) zu erkennen.

Die nachstehenden Lebensdaten wurden nach bestem Wissen und Gewissen aus allgemein zugänglichen Quellen – wie den Werken selbst, Nachschlagewerken und Zeitschriften – entnommen. Für eine Reihe von Autoren und Autorinnen waren biografische Angaben nicht zu ermitteln, auch nicht mit Hilfe der ständig aktualisierten „Sächsischen Biographie" (www.saebi.de). Wer solche Lücken schließen kann, wird um Nachricht an den Verlag gebeten.

Noch ein Hinweis. In den Angaben ist – von einigen Ausnahmen abgesehen – von Texten „in erzgebirgischer Mundart" ohne weitere Differenzierung die Rede (s. dazu auch das Vorwort), obwohl es eine einheitliche erzgebirgische Mundart nicht gibt.

Verlag und Herausgeber danken allen Autoren, Rechtsinhabern und Verlagen für die freundlichen Erlaubnisse zum Abdruck der Beiträge. In den Fällen, in denen die Inhaber der Rechte trotz aller Bemühungen nicht festzustellen oder erreichbar waren, verpflichtet sich der Verlag, rechtmäßige Ansprüche im üblichen Rahmen abzugelten.

Alterzgebirgisch S. 119
Der Amalie von Elterlein geb. Benckert oder Benkert zugeschrieben (*1784 in Annaberg, † 1865 in Schwarzenberg).
Aus dem Heilig-Ohmd-Lied. Aus: Götz Altmann: Das Heilig-Ohmd-Lied – ein erzgebirgisches weihnachtliches Volkslied. Beitrag zum Ursprung, zur Entwicklung, zum Gebrauch. In: Sächsische Heimatblätter 6/1987. Dresden: Kulturbund.

Eva Alvers geb. Zimmermann S. 120
*1941 in Dresden, † 2002 in Dippoldiswalde. Machte sich einen Namen als Fotografin von osterzgebirgischen Motiven.
*Es fing an mit der Stollenbäckerei.** (Zusammen mit Günter Groß) Aus: Günter Groß: Weihnachten im Osterzgebirge. Dippoldiswalde: Lohgerber-, Stadt- und Kreismuseum 1994.

Stephan Dietrich (Saafnlob) S. 143
*1898 in Eibenstock, † 1969 in Hagen/Westf. Lehrer; Mundartdichter, vertonte seine Lieder selbst. Autobiografie: „Die Melodie der Heimat. Meine Kindheit und Jugendjahre im Erzgebirge" (1995).
Was mir der alte geschnitzte Bergmann meines Großvaters erzählte. In: Erzgebirgsverein e. V. (Hrsg.): Erzgebirgisches Weihnachtsbüchlein. 16. Ausgabe. Frankfurt/Main: Erzgebirgsverein 1976.

Alfred Dost S. 177
*1859 in Niederrabenstein, † 1919 in Schneeberg. Volksschullehrer und Musikpädagoge; Autor, Komponist und Sammler von Volksliedern.
Weihnachten in Schneeberg um 1900. In: Erzgebirgsverein e. V. (Hrsg.): Erzgebirgisches Weihnachtsbüchlein. 21. Ausgabe. Kirchberg: Erzgebirgsverein 1981.

Hildegard Eckhardt S. 134
*1918 in Satzung. Lebt in Oberstdorf. Volkssängerin, Liedtexterin und Komponistin. Zusammen mit ihrer älteren Schwester Luise Pinc (s. dort) eine der „Tischer-Mahd", die u. a. 1937 Erich Langs (1895–1940) rasch populär gewordenes Lied „s' Raachermannel" in Olbernhau uraufgeführt haben; textete und komponierte etwa 220 Lieder, viele davon Erzgebirgslieder.
Weihnachts-Liedel der Pfafferkuchenfraa. In: Erzgebirgsverein e. V. (Hrsg.): Erzgebirgisches Weihnachtsbüchlein. 8. Ausgabe. Frankfurt/Main: Erzgebirgsverein 1968 (Erstveröffentlichung).

F. S. 54
Vermutlich Kurt Arnold Findeisen, s. dort.
Volkskunst und volkstümliche Spiele im Erzgebirge. In: Heimatblätter für Sachsen und Thüringen 1935/12. Dresden: Pilz.

Kurt Arnold Findeisen   S. 53, 70, 71, 72, 105
*1883 in Zwickau, † 1963 in Dresden. Sächsisch-erzgebirgischer Heimatschriftsteller mit umfangreichem Lebenswerk und vielen populären Gedichten und Liedern. Autobiografie: „Der Perlenwagen. Bilderbogen einer Kindheit" (1964).
Bringt in Gang die Pyramide. In: Kurt Findeisen: Das goldene Weihnachtsbuch. Husum: Verlag der Nation 2002.
Der Nussknacker. In der gleichen Quelle.
Tanzlied der Pflaumentoffel. In: Das goldene Weihnachtsbuch aus dem Erzgebirge. Dresden: Zwinger 1936.
Die Arche Noah. In: Der Perlenwagen. Frankfurt/M.: Weidlich 1964.
Das lustige Weihnachtslied. In: Kurt Arnold Findeisen: Ahnenland. Balladen, Romanzen, Legenden. Dresden: Laube 1922.

Horst Gläß   S. 62, 128
*1925 in Einsiedel, † 1995 in Thalheim. Meister in der Strumpfindustrie; Mundartdichter sowie -sprecher. Zahlreiche Auftritte mit verschiedenen Mundartsinge- sowie Instrumentalgruppen, u. a. in Rundfunk und Fernsehen.
Bergma und Engel. In: Erzgebirgische Heimatblätter 2006, 7. Marienberg: Druck- und Verlagsgesellschaft.
Griene Kließ. In: Erzgebirgsverein e. V. (Hrsg.): Erzgebirgisches Weihnachtsbüchlein. 30. Ausgabe. Frankfurt/Main: Erzgebirgsverein 1990.

B. Grießbach   S. 67
Näheres nicht bekannt.
*Da Weihnachtsbamla.** Zitiert nach: Der Weihnachts-Bergmann. Aus: Friedrich Hermann Löscher sen. und jun.: Heimat Erzgebirge. Berlin: Altis 1997.

Günter Groß   S. 120
*1938 in Dohna. Dipl.-Ing. Ök., Promotion an der Bergakademie Freiberg; 1975–2002 Leiter des Lohgerber-, Stadt- und Kreismuseums Dippoldiswalde. Zahlreiche Bücher, Kataloge und Dokumentationen in Verbindung mit seiner Museumsarbeit.
*Es fing an mit der Stollenbäckerei** (Mitautor; s. Eva Alvers).

Anton Günther (Toler-Hans-Tonel)   S. 203
*1876 in Gottesgab (jetzt Božidar), † 1937 ebda. (Freitod). Lithograf; böhmisch-erzgebirgischer Liederdichter und Volkssänger. Bekannt geworden durch seine von ihm selbst gestalteten, verlegten und vertriebenen Liedpostkarten und seine umfangreiche Vortragstätigkeit. Autobiografischer Text in der Einleitung zu „Vergaß dei Haamit net" (1911).
Zen Neie Gahr. In: Gerhard Heilfurth (Hrsg.): Anton Günther. Gesamtausgabe. 18. Tausend. Schwarzenberg: Glückauf-Verlag 1939.

Egon Günther   S. 125
*1927 in Schneeberg. Lehrer und Verlagslektor; Schriftsteller und einer
der bekanntesten Filmregisseure der DDR, aus politischen Gründen in
seiner Arbeit behindert. Ab 1979 Autor und TV-Regisseur in der Bun-
desrepublik Deutschland.
*Ein Geruch, der zum Singen anregt.** Aus: Egon Günther: Einmal Kar-
thago und zurück. Roman © Aufbau Verlagsgruppe GmbH, Berlin 1975
(diese Ausgabe erschien erstmals 1975 im Aufbau-Verlag. Berlin und
Weimar; Aufbau ist eine Marke der Aufbau Verlagsgruppe GmbH).

Manfred Günther   S. 175
*1931 in Lößnitz. Religionspädagoge, langjähriger Landesgeschäftsfüh-
rer der Kirchlichen Männerarbeit in der Ev.-luth. Landeskirche Sachsen;
Autor eines Erziehungsratgebers und von Sach- und Mundartbüchern
zu erzgebirgischen Themen; setzt sich besonders für das Gedenken an
Anton Günther (s. dort) ein.
*Weihnachten um 1900.** (nach dem Tagebuch der Anna R.)
Aus: Manfred Günther: De Mitte der Gahre. Mundartgeschichten zur
Geschichte im Erzgebirge. Aue: Rockstroh 2003.

Wilhelm Häberer   S. 79
Näheres nicht bekannt. Das abgedruckte Gedicht wurde 1948 von Curt-
Herbert Richter vertont.
's werd Winter. In: Erzgebirgsverein (Hrsg.): Haamitland, mei Arzgebirg. Hofheim: Hofmeister 1987.

Edgar Hahnewald   S. 111
*1884 in Wilschdorf bei Dresden, † 1961 in Solna (Schweden). Journalist,
Redakteur, aktiver Sozialdemokrat; Schriftsteller. 1933 Emigration aus
politischen Gründen; zuletzt Buchgestalter und Illustrator in Schweden.
*Unterwegs in den Weihnachtsdörfern.** In: Edgar Hahnewald: Sächsische Heimatbilder. Leipzig: Brockhaus 1989.

Laura Herberger   S. 47
Lebensdaten nicht bekannt. Mundartdichterin. Gab in (Annaberg-)
Buchholz im Selbstverlag zwischen 1924 und 1936 unter dem Titel „De
Hutz'nstub" elf Bände mit Erzählungen in erzgebirgischer Mundart
heraus, die in den Verlag der Obererzgebirgischen Zeitung Friedrich Sei-
del in Buchholz übergingen.
Im Weihnacht'n rim. In: De Hutz'nstub. Buchholz: Selbstverlag (vor 1929).

Bruno Herrmann   S. 97
*1870 in Königswalde bei Annaberg, † 1927 in Leipzig. Bürgermeister
und Kammerrat in Lauter; Mundartdichter.
Wenns bischbert. Aus: Monatssprüche. In: Lauterer Spakörble. Schwarzenberg: Glückauf o. J. (um 1928).

Martin Herrmann

*1899 in Freiberg, † 1975. Verschiedene Tätigkeiten, dann Lehrer in Freiberg; Mundartdichter, u. a. Verfasser einer in erzgebirgischer Mundart geschriebenen Biografie (Oberlausitzer Kunstverlag, Ebersbach 1957) über den Bergmann und Bildschnitzer Ernst Dagobert Kaltofen (*1841 in Oberlangenau, † 1922 in Dresden).

Wie zen Kaltofen-Ernst seinerzeit um 1850 of der Grub Weihnachten gefeiert wur. In: Erzgebirgsverein (Hrsg.): Erzgebirgisches Weihnachtsbüchlein. 16. Ausgabe. Frankfurt/Main: Erzgebirgsverein 1976 (Erstveröffentlichung 1957).

Zun Gahresend. In: Kalender „Sächsische Gebirgsheimat". Oberlausitzer Heimatverlag 1981.

Gottfried Ihle

Näheres nicht bekannt. Gelegentliche Mitarbeit am „Erzgebirgischen Weihnachtsbüchlein", der seit 1961 erscheinenden alljährlichen Veröffentlichung des Erzgebirgsvereins e. V.

Schneehütten. In: Erzgebirgisches Weihnachtsbüchlein. 29. Ausgabe. Hrsg. vom Erzgebirgsverein e. V. Frankfurt/Main: Erzgebirgsverein 1989.

H. J.

Näheres nicht bekannt.

Des Erzgebirgers Vorbereitung für Weihnachten. In: Heimatblätter für Sachsen und Thüringen 1929/12. Dresden: Pilz.

A. Keller

Näheres nicht bekannt (vermutlich Arthur Keller, der in erzgebirgischer Mundart den Titel „Vugelbeern" veröffentlichte. Dresden: Wittig & Schobloch 1922).

's Christstullngubiläum. In: Woldemar Müller (Hrsg.): Kalender für das Erzgebirge und das übrige Sachsen 1912/13. Leipzig: Strauch.

Olga Klitsch geb. Stopp

* in Beierfeld, weitere Lebensdaten nicht bekannt. Autorin des Beitrages „Erzgebirgisches Brauchtum" in Herbert Clauß (Hrsg.): Das Erzgebirge (Frankfurt 1967). Mitarbeit am „Erzgebirgischen Weihnachtsbüchlein" (s. Gottfried Ihle).

Winterliche Freuden. In: Erzgebirgisches Weihnachtsbüchlein 22. Ausgabe. Erzgebirgsverein e. V. (Hrsg.). Kirchberg: Erzgebirgsverein 1982.

Grenzaufseher Kleinhempel (Friedrich Herrmann)

*1828, † 1883 in Eibenstock. Lebte als Grenzaufseher in Hammerunterwiesenthal; schrieb hochdeutsch und in Mundart, brachte im Selbstverlag im Jahre 1865 „Gedichte des Grenzaufsehers" heraus.

Geschwind, steck's klaane Hackl ei! Aus: Pfarrer Wild'sche und einige andere Gedichte und Geschichten in erzgebirgischer Mundart. Dresden: Kommerstädt & Schobloch 1922.

Gottfried Johann Lattermann   S. 11
*1879 in Morgenröthe (jetzt Morgenröthe-Rautenkranz), † 1950 in Auerbach. Chemiker, Hammerherr (= Betriebsleiter) des Eisenwerkes in seinem Geburtsort. Mundartdichter. Verfasste Theaterstücke sowie Liedtexte, die er selbst vertonte.
Winterlaabn. In: Horst Henschel (Hrsg.): Singendes Land. Leipzig: Hofmeister 1939.

Friedrich Hermann Löscher   S. 81
*1860 in Annaberg, † 1944 in Bärenstein/Erzgeb. Theologe, 43 Jahre lang Pfarrer in Zwönitz; Erzgebirgskenner und Heimatforscher, Autor zahlreicher heimatkundlicher Aufsätze. Nicht zu verwechseln mit seinem ebenfalls als Heimatforscher tätigen gleichnamigen Sohn (Jurist; *1888 in Zwönitz, † 1967 in Dresden).
Der Weihnachtsberg (leicht gekürzt). In: Woldemar Müller (Hrsg.): Kalender für das Erzgebirge und Vogtland 1906. Annaberg: Graser.

M. M.   S. 200
Näheres nicht bekannt.
Is aah verschneit.* In: Woldemar Müller (Hrsg.): Kalender für das Erzgebirge und das übrige Sachsen 1913. Leipzig: Strauch.

A. Cl. Meyer   S. 102
Vermutlich August Clemens Meyer. *1836, † 1920. Lebte in Grumbach.
Wos z'rbuch'n un v'rblich'n.* Aus: A. Cl. Meyer: Allerhand Kräuterich. Gedichte und Geschichten in erzgebirgischer Mundart. 2. Auflage. Annaberg: Graser 1919.

Guido Meyer   S. 87, 199
Näheres nicht bekannt.
Erzgebirgische Weihnachten. In: Fritz Tautenhahn: Das Schnitzen im Erzgebirge. Eine bergmännische Volkskunst. Schwarzenberg: Glückauf 1937.
Heiliger Obnd. In: Horst Henschel (Hrsg.): Singendes Land. Leipzig: Hofmeister 1939. Der Text wurde von Alfred Dost (s. dort) vertont und in seine Weihnachts- und Bergliedersammlung für die Schuljugend aufgenommen (Schneeberg: Goedsche 1897).

H. Montanus (Heinrich Jacobi)   S. 92, 184, 200, 214
*1845 in Schneeberg, † 1916 ebd. Lehrer und Realschuldirektor; Heimatschriftsteller. Veröffentlichte Erzählungen und Gedichte, z. T. in Mundart, sowie volkskundliche und geologische Abhandlungen und auch ein Schauspiel.

Ben Nachber. In: H. Montanus: Gangstücke aus dem Erzgebirge. Annaberg: Graser 1902.

Das große Festdrama.* In der gleichen Quelle.

Zr Mettn, hent, do ginne mr.* In: Alte und neue Gedichte und Geschichten in erzgebirgischer Mundart. Annaberg: Graser 1921.

Die drei Weisen aus'n Morgenland. In: H. Montanus (Heinrich Jacobi): Gangstücke aus dem Erzgebirge. Annaberg: Graser 1902.

Robert Müller   S. 18
*1861 in Oberwiesenthal, † 1941 in Kötzschenbroda. Oberlehrer und Kantor; Mundartdichter.
D'r erschta Schnee in Aarzgebirg! In: Robert Müller: Aus d'r Haamet. Chemnitz: Thümmler 1911.

Max Nacke   S. 49
*1883 in Altenberg, † 1958 ebd. Bergmann, bewirtschaftete die von ihm erbaute Waldschenke „Raupennest" bei Altenberg; osterzgebirgischer Liederdichter und Volkssänger.
Lange Nacht (leicht gekürzt). In: Dresdner Jahrbuch und Chronik 1932. Dresden: v. Zahn & Jaensch.

Lenelies Pause (Helene Louise Schippel)   S. 210
*1895 in Bad Elster, † 1974 in Wuppertal. Verfasserin von Heimatromanen und -erzählungen. Chronistin des Dresdner Christstollens (Vom königlichen Kindlein; Erstveröffentlichung als Privatdruck 1938). Autobiografie: „Eine Jugend im Walde" (s. nachstehend).
Neujahrsgratulanten. In: Lenelies Pause: Eine Jugend im Walde. Jugenderinnerungen aus dem Erzgebirge. Dresden: Bastei 1937 = Stimmen der Landschaft Band IV.

Max Pickel   S. 69
*1884 in Nürnberg, † 1976 in Lauter. Lehrer und Schulleiter, Meister des Scherenschnitts, u. a. Scherenschnittfolgen zum Heilig-Ohmd-Lied und zum Thema Bergwerk; schriftstellerische Gelegenheitsarbeiten.
Der Stülpner-Karl und der Weihnachtsberg (gekürzt). In: Heimatblätter für Sachsen und Thüringen 1935/12. Dresden: Pilz.

Luise Pinc geb. Seifert   S. 29
*1895 in Satzung, † 1982 ebd. Gelernte Laden- und Wirtschaftshilfe, Kranzbinderin; Verfasserin von etwa 1000 Gedichten und über 50 Liedern, die sie wie Anton Günther auf Liedpostkarten im Selbstverlag vertrieb, sowie von Theaterstücken und Sagen. Zusammen mit ihrer jüngsten Schwester Hildegard Eckhardt (s. dort) trat sie ab 1933 als Gesangsduo „De Tischer-Maad" auf, nach dem Zweiten Weltkrieg mit ihren drei Kindern als „Luise Pinc und ihre Töchter".

Ball is Weihnachtszeit. In: Albert Zirkler (Hrsg.): Wenn's Weihnachten ist. Berlin: Union 1960.

Manfred Pollmer S. 26
*1922 in Geyer, † 2000 ebd. Gemeindebeamter, Speditionskaufmann, Buchhalter und freiberuflicher Pressekorrespondent; Mundart- und Heimatschriftsteller, Mundartsprecher sowie Heimathistoriker. Nicht zu verwechseln mit seinem älteren Bruder Karl Hans Pollmer (*1911 in Herold, † 1987 in Dresden), der als Pastor und ebenfalls als Heimatschriftsteller wirkte.
*An Schulbarg hobn de Kinner.** Aus: Of der Tschinner. In: Wu ich derham bi. Leipzig: Zentralhaus-Publikation 1987.

Curt Rambach S. 46, 190
*1871 in Plauen/Vogtland, † 1930 in Schwarzenberg. Gelernter Schreiber, Eisenbahnobersekretär; Mundartdichter. Der Erzgebirgszweigverein in Schwarzenberg gab 1936 das Büchlein „Raane Bargluft" mit Gedichten von ihm heraus.
Drei Kinner. In: Woldemar Müller (Hrsg.): Kalender für das Erzgebirge und das übrige Sachsen 1912. Leipzig: Strauch.
Horch! Horch! Dr heil'ge Ohmd is' heit! In: Glückauf 1924/12. Schwarzenberg: Gärtner.

Emil Reinhold S. 63
Näheres nicht bekannt.
Gust, der Bergbauer. In: Bunte Bilder aus dem Sachsenlande. Dritter Band. Dresden: Pestalozzi-Verein 1926.

Rino S. 126
Näheres nicht bekannt.
De Christnacht im Gebärg. In: Heimatblätter für Sachsen und Thüringen 1934/12. Dresden: Pilz.

Reinhard Rother S. 161, 205
*1844 in Tannenbergsthal (Vogtland), † 1918 in Waldheim. Aufgewachsen in Mauersberg. Lehrer und Schuldirektor; Autor von Erzählungen und geschichtlichen Beiträgen in pädagogischen Jugendschriften und Zeitschriften. Autobiografie: „Ich bin der Knab' vom Berge" (s. u.).
*Weihnachten in Mauersberg um 1850.** Aus: Ich bin der Knab' vom Berge. Mauersberg: Mauersberger Freundeskreis o. J. Erstveröffentlichung in „Deutsche Jugendblätter", Leipzig 1902.
*Die Internächte.** Aus der gleichen Quelle (leicht gekürzt).

S. S. 188

Näheres nicht bekannt.

De Hammerschmieden suchen en Christbaam. In: Woldemar Müller
(Hrsg.): Kalender für das Erzgebirge und das übrige Sachsen 1913. Leipzig: Strauch.

Frida Schanz S. 107

*1859 in Dresden, † 1944 in Dresden. Zeitschriftenredakteurin und Verlagslektorin; Autorin von zahlreichen Kinderbüchern, Erzählungen,
Märchen, Novellen und Geschichten. Autobiografie: „Fridel – ein Buch
Jugenderinnerungen für Jung und Alt" (Berlin: Scherl 1920).
Ich wanderte zu den Spielzeugmachern (gekürzt). In: Das Drehwerk Nr.
43. Seiffen: Förderverein des Erzgebirgischen Spielzeugmuseums e. V.
2006 (Erstveröffentlichung vermutlich in Nr. 12 einer unbekannten Zeitschrift 1906).

Otto Eduard Schmidt S. 129, 208

*1885 in Reichenbach (Vogtland), † 1945 im Bombenangriff auf Dresden. Historiker, Lehrer in Dresden, St. Afra Meißen, Wurzen, Freiberg,
verfasste ca. 180 Schriften zu sächsischen Themen. Hauptwerk: Kursächsische Streifzüge (7 Bände).
*Das gemeinhin Menschliche.** Aus: Kursächsische Streifzüge. 5. Band:
Aus dem Erzgebirge. Dresden: v. Baensch Stiftung 1922. Zitiert nach:
Prinz Albert von Sachsen: Weihnacht in Sachsen. Bamberg: BVB 1992.
*Silvesterfeier in Altenberg und im Hirschsprunger Tal.** Aus der gleichen
Quelle.

Stephan Schmidt-Brücken S. 154

*1961 in Dresden, aufgewachsen im Erzgebirge. Gelernter Maschinenbauer, Theologe, seit 1998 Pfarrer in Scheibenberg; heimat- und kirchengeschichtliche Veröffentlichungen in Zeitungen, Zeitschriften und Büchern.
*Weihnachten im 17. Jahrhundert.** (vom Autor für unsere Veröffentlichung überarbeitet; gekürzt). Erstveröffentlichung in: Erzgebirgische
Heimatblätter 2006/6. Marienberg: Druck- und Verlagshaus.

(Ernst) Hermann Seifert S. 146

*1872 in Brand-Erbisdorf. Ab 1886 Scheidejunge bei der Himmelsfürst-Fundgrube in Erbisdorf; ging 1900 als Lehrhäuer von der Grube ab.
*Zechenheiligabend um 1900 auf der Grube „Himmelsfürst".** In: Heimatblätter für Sachsen und Thüringen, 1934/12. Dresden: Pilz.

Rolf Seiffert (d. i. Reiner Seibold) S. 215

*1933 in Gablenz/Erzgebirge. Lebt als Grafik-Designer, Kalligraf, Illustrator und Buchautor in Kierspe im Sauerland. Autobiografie: „Bekenntnisse einer grauen Maus" (s. nachstehend), „Ach- und Lachgeschichten einer grauen Maus" (1988).

Das ganze Jahr über Weihnachten (gekürzt).* Aus: Rolf Seiffert: Bekenntnisse einer grauen Maus. Lahr: Verlag Johannis 1985.

Oskar Seyffert S. 100, 192

*1862 in Dresden, † 1940 ebd. Maler und Professor an der Kunstgewerbeschule Dresden, Hofrat. Förderer der sächsischen Volkskunst als Mitgründer des Vereins für Sächsische Volkskunst und des Landesvereins Sächsischer Heimatschutz (1897 und 1908; 1923 vereinigt), Gründer und Leiter des zunächst nach ihm benannten Museums für Sächsische Volkskunst im Jägerhof Dresden; Veröffentlichungen zu sächsischen und volkskundlichen Themen.
Freude, Stolz und Weihnachtsglück. Aus: Oskar Seyffert zum Gedächtnis. Dresden: Landesverein Sächsischer Heimatschutz 1940 (Erstveröffentlichung als Zeitungsaufsatz 1928).
Der Hofrat fährt ins Weihnachtsland. Aus: Oskar Seyffert: Aus Dorf und Stadt. Volkskundliche Bilder. Dresden: Laube 1923.

Hans Siegert S. 22, 153

*1868 in Hammerunterwiesenthal, † 1941 in Leipzig. Lehrer und Schuldirektor; Autor zahlreicher Gedichte, Lieder, Geschichten und Theaterstücke in Mundart und auf Hochdeutsch sowie volkskundlicher Abhandlungen.
Schneeschuhfahrerlied. In: Ernstes und Heiteres aus dem Erzgebirge. Schwarzenberg: Glückauf 1924.
Nacht vull Licht un Schimmer. In: Dos dächt mer aah net. 12. Auflage. Annaberg: Graser 1913. = Gedichte und Geschichten in erzgebirgischer Mundart. 21. Heft.

Moritz Spieß S. 48

Lehrer an der Realschule zu Annaberg, Schulrat; Volkskundler.
Schulmette um 1860. Aus: Aberglauben, Sitten und Gebräuche des sächsischen Obererzgebirges. Dresden: Burdach 1862.

Helmuth Stapff S. 34

*1901 in Annaberg, † 1978. Lehrer, Mundartdichter, Mundartsprecher, Mundartsänger. Machte sich um die Herausgabe der Lieder von Anton Günther (s. dort) und anderer Mundartdichter in Chorsätzen verdient. Seine Annaberger Helmuth-Stapff-Gruppe galt vor dem Zweiten Weltkrieg als bekannteste und beste erzgebirgische Sängergruppe. Sie verließ die DDR und wurde in Forchheim/Ofr. ansässig. Stapff wurde vor allem mit der Schallplatte (später CD) „Weihnachten im Erzgebirge" (Christophorus 1962) bekannt.
Damals in Annaberg. In: Helmuth Stapff (Hrsg.): Weihnachten im Erzgebirge. Leipzig: Hofmeister 1955.

Alexander Graf Stenbock-Fermor S. 90
*1902 in Nitau/Livland, † 1972 in Düsseldorf. Buchhändler, Verlagsvolontär und Journalist, 1920 aus dem Baltikum geflohen; Autor sozialkritischer Reportagen. Nach Berufsverbot und Widerstand im Dritten Reich seit 1946 Drehbuchautor bei der DEFA. Autobiografie: „Der rote Graf" (Berlin: Verlag der Nation 1973).
„Aber Christus ist doch heute geboren". * Aus: Spielzeugschnitzer, Holzarbeiter, Bergleute im Erzgebirge. In: Deutschland von unten. Stuttgart: Engelhorn 1931.

Friedrich Straumer S. 39, 171
*1840 in Buchholz (heute Annaberg-Buchholz), † 1900 wahrscheinlich in Chemnitz. Aufgewachsen in Stollberg, wo seine Eltern das Gasthaus „Weißes Roß" bewirtschafteten. Lehrer, Dr., Professor; Autor zweier Bändchen „Allerlei aus dem Erzgebirge in Bildern und Geschichten" mit autobiografischem Hintergrund (Annaberg: Graser 1891).
Der Schachtelmann. In: Allerlei aus dem Erzgebirge in Bildern und Geschichten. I. Band. Annaberg: Graser 1891 = Tannengrün Band I (Reprint Stollberg: Buch und Kunst Laden 2003).
Christmetten im alten Stollberg um 1850.* Aus der gleichen Quelle (leicht gekürzt).

Max Tandler S. 25
*1895 im damals österreichischen Teil von Zinnwald (Linovec). Tätigkeit im Gemeinde- und Sparkassendienst, ab 1930 Lehrer in der damaligen Tschechoslowakei; nach 1945 freier Schriftsteller in Forchheim/Oberfranken; gilt als Hauptvertreter der osterzgebirgischen Mundartdichtung. Auch hochdeutsche Dichtungen. Autobiografischer Text: „Über sich selbst" in „Bargmond" (Dresden: Bastei 1937).
Wenn es Winter sein ward. In: Erzgebirgsweisen. Troisdorf: Kammwegverlag 1952.

Fritz Thost S. 68
*1905 in Rödlitz. Lehrer in Schneeberg, nach 1945 in Velber/Rheinland wohnhaft; Autor von Büchern und Sachtexten hauptsächlich zur erzgebirgischen Volks- und Schnitzkunst, die er mit Zeichnungen von eigener Hand illustrierte, ferner Gedichte und Erzählungen, auch in Mundart. Gab zeitweise in Stollberg den Erzgebirgischen Haus- und Heimatkalender heraus.
Schwibbogen. In: Erzgebirgsverein e. V. (Hrsg.): Erzgebirgisches Weihnachtsbüchlein. 30. Ausgabe. Frankfurt/Main: Erzgebirgsverein 1990.

Überliefert S. 139, 204, 221
Ein Berg-Weihnachtslied. In: Erzgebirgsverein e. V. (Hrsg.): Haamitland, mei Arzgebirg. Hofheim: Hofmeister 1987.
Von Weihnachten bis Hochneujahr.

Dos is mei Wunsch zun neie Gahr. In: Gelangheetsgedichte. Annaberg: Graser 1929 = Gedichte und Geschichten in erzgebirgischer Mundart. 27. Heft.

Hellmuth Vogel S. 30
*1890 in Limbach, † 1950 in Auerbach/Erzgebirge. Lehrer und Förderer erzgebirgischer Volkskunst. Schuf Kleingrafiken nach Spielzeugmotiven sowie Göpel- und Stockwerkspyramiden. Er erweckte in Auerbach/Erzgebirge die dortige „Fensterbrettel"-Tradition zu neuem Leben.
Fensterbrettel im Erzgebirge. In: Erzgebirgisches Weihnachtsbüchlein. 16. Ausgabe. Erzgebirgsverein e. V. (Hrsg.). Frankfurt/Main: Erzgebirgsverein 1976 (Erstveröffentlichung: Heimatwerk Sachsen, Dezember 1940).

Johanna Wagner S. 36
Näheres nicht bekannt. Gelegentliche Mitarbeit am „Erzgebirgischen Weihnachtsbüchlein" (s. Ihle, Gottfried).
Vom Kurrendesingen in Hartenstein. In: Erzgebirgisches Weihnachtsbüchlein. 21. Ausgabe. Erzgebirgsverein e. V. (Hrsg.). Kirchberg: Erzgebirgsverein 1982.

Anna Wechsler geb. Reußner S. 76, 116
*1868 in Grossaga bei Gera, † 1922 in Annaberg. Kam durch Heirat 1883 nach Annaberg. Autorin von zumeist heiteren Geschichten und Gedichten in erzgebirgischer Mundart. Autobiografischer Text in der Einführung zu „Felsquell und Tannenrausch" (Annaberg: Pöhlberg-Verlag 1921).
Ins arzgebärgische Stöbel tut en Blick. Aus: In de erzgebirgsch'n Hutz'nstub. In: Typische Vorträge für Erzgebirgs- oder Hutz'n-Abende für Vereins- oder Familien-Festlichkeiten in erzgebirgischer Mundart. Dresden-Wachwitz: Wittig & Schobloch 1922.
A Kinnerspiel gehört ins Stöbel nei. Aus: Anna Wechsler: Weihnacht im Erzgebirge. Aus der gleichen Quelle.

Max Wenzel S. 60, 61, 136
*1879 in Ehrenfriedersdorf, † 1946 in Chemnitz. Lehrer; Autor zahlreicher Geschichten und Gedichte in erzgebirgischer Mundart, gehört „zu den ganz Großen der Mundartdichtung des Erzgebirges" (Manfred Pollmer, s. dort). Verfasste heimathistorische Abhandlungen und Reiseführer sowie Liederspiele; Herausgeber von Anthologien.
De Peremett. In: Bei uns im Arzgebirg. Chemnitz: Tümmler 1912.
Rächerkerzeln. In: Rächerkerzeln. 3. Auflage. Annaberg: Erzgebirgs-Verlag 1939 (Erstveröffentlichung: Chemnitz 1914).
Un zun Heiling Ohmd dos Assen. Aus: Geschichten und Gedichte in erzgebirgischer Mundart. Annaberg: Graser 1929.

Christian Werner S. 33

Näheres nicht bekannt. Gelegentliche Mitarbeit am „Erzgebirgischen Weihnachtsbüchlein" (s. Ihle, Gottfried).

Weihnachtliches Turmblasen und Feldgeschrei. In: Erzgebirgisches Weihnachtsbüchlein. 19. Ausgabe. Erzgebirgsverein e. V. (Hrsg.). Kirchberg: Erzgebirgsverein 1979.

Christian Gottlob Wild S. 150

*1875 in Johanngeorgenstadt, † 1939 in Breitenbrunn. Pfarrer in Carlsfeld und Breitenbrunn; gilt als „Vater der erzgebirgischen Mundartdichtung" (Friedrich Hermann Löscher sen., s. dort). Lieder und Gedichte in erzgebirgischer Mundart sowie hochdeutsche Texte. Hauptwerk: „Interessante Wanderungen durch das sächsische Obererzgebirge" (Freiberg: Cranz und Gerlach 1809). Ausführliche Informationen über C. G. Wild im Nachwort von Wolfgang Möhrig zur Neuauflage dieses Titels (Berlin: Altis 1997).

*Steiger, Häuer, Tunge, Knacht'.** Aus: Gedichte und Geschichten in erzgebirgischer Mundart. 1. Bd. Gedichte. Dresden: Kammerstädt & Schobloch 1922.

Gottfried Zeidler S. 130

*1928 oder 1929 in Neuhausen/Erzgeb. Vorsitzender des Erzgebirgsvereins e. V. Sitz Frankfurt/Main. Mitarbeit am „Erzgebirgischen Weihnachtsbüchlein" (s. Ihle, Gottfried).

Pfafferkuchn. In: Erzgebirgsverein e. V. (Hrsg.): Erzgebirgisches Weihnachtsbüchlein. 19. Ausgabe. Kirchberg: Erzgebirgsverein 1979.

Fritz Alfred Zimmer S. 198

*1880 in Schöneck/Vogtland, † 1954 in Bernsbach. Kindheit und Jugend im Vogtland, Lehrer und Oberlehrer in Zwickau, im Dritten Reich entlassen; 1945 bis 1949 Kreisschulrat von Aue; freier Schriftsteller in Bernsbach. Autor von etwa 1000 Einzelveröffentlichungen und zehn Büchern, darunter Romane, Biografien und Lyrik. Autobiografie: „Mein Lebenslauf" (liegt nur als Manuskript vor).

Heiliger Abend. In: Glückauf, Zeitschrift des Erzgebirgsvereins, 58. Jg. 1938, Druck und Verlag von C. M. Gärtner, Schwarzenberg/Erzgeb., S. 178.

Albert Zirkler S. 93

*1891 in Dresden, † 1971 ebd. Lehrer und Volkskundler, 1928 bis 1945 Vorsitzender des Vereins für Volkskunde Dresden; Herausgeber der Buchreihe „Sächsisches Volkstum" und von Anthologien, u. a. „Hausbuch sächsischer Mundartdichtung" (Leipzig: Dürr 1927), „Volksbuch sächsischer Mundartdichtung" (Leipzig: Dürr 1938) und „Wenn's Weihnachten ist" (Berlin: Union 1953).

Bei den erzgebirgischen Schnitzern und Bastlern. In: Mitteldeutsche Blätter für Volkskunde. 8. Jahrgang, Heft 6. Leipzig: Karl Richter 1933.

Zeitungsbeiträge   S. 20, 26, 124, 206, 207
Schneefall.
Winter am Fichtelberg.
Ruscheln.
Stollen backen.
Nach dem Fest.
Vor fünfzig Jahren.
Diese anonymen Zeitungsbeiträge wurden folgenden Sammelbänden
entnommen:

Jehn, Günther (Hrsg.): Gestern stand's im Blatt. Interessantes, Erstaunliches, Kurioses, Wissens- und Merkenswertes aus dem Nachrichtsblatt
für Kirchberg und Umgebung der Jahrgänge 1867–1899. Obercrinitz:
Selbstverlag 1998.
Ders.: Gestern stand's im Blatt. Interessantes, Erstaunliches, Kurioses,
Wissens- und Merkenswertes aus dem Kirchberger Tageblatt der Jahrgänge 1900 bis 1914. Obercrinitz: Selbstverlag 2003.

Angaben zum Herausgeber
Ehrhardt Heinold
*1930 in Neuhausen/Erzgeb., lebt in Hamburg. Buchhändler, Verleger
und Verlagsberater; Autor zahlreicher volkskundlicher Sachbücher und
Nachschlagewerke zum Erzgebirge sowie von Anthologien zu sächsischen Themen.

Inhaltsverzeichnis

„Bringt in Gang die Pyramide ... "

„Der Leimtopp brudelt jeden Obnd"

„Glückauf, Glückauf!
Ihr Bergleut, freut euch alle!"

„Nu kimmst du wieder, Nacht vull Licht un Schimmer"

„Drüm lasst zen neie Gahr ons wünschen
Gelück on Segen, Zefriedenheit"